媽媽不只是媽媽

金雅緣——著
鄭筱穎——譯

엄마로만
살지
않겠습니다

目錄

第二章

成長的第二門功課　工作

第三章

成長的第三門功課　自我

第四章

成長的第四門功課　平衡

第五章

成長的第五門功課　生活

第六章　成長的第六門功課　心靈

後記

序

成為母親後，遇見最真實的自己

大概是老二剛滿一歲的時候吧！那時我正在休育嬰假，每天早上帶老大去幼稚園後，就會用背巾背老二到公園去。我喜歡坐在鞦韆上一面輕輕晃著一面哼著歌，孩子也總會在這時候沉沉睡去。我其實並不是刻意想哄孩子睡，只是坐在鞦韆上很自然地就哼起歌來。對我來說，那是一段非常幸福的時光。

那天，我一如既往地坐在鞦韆上哼著歌，手機突然傳來一封簡訊，內容寫著：「學姐，最近好嗎？妳辦公桌都長滿灰塵啦！不過，我已經幫妳打掃乾淨囉！快回來吧！想妳。」傳這封簡訊的，是我準備休產假時，哭著送我到公司門口的學妹。她說她會幫我整理好桌面，等我回來上班。沒想到，她還真的特地拍了照片傳給我，照片裡的辦公桌比我在公司上班時都還要乾淨，看了不禁令人莞爾一笑。關掉手機後，我又坐在鞦韆上輕輕晃著，但心裡似乎泛起了一些漣漪，原本嘴裡哼著的歌也不再唱了，腦海中不斷浮現手機裡學妹傳來的那張照片……

記得大學四年級下學期那年，還沒領到大學文憑，我就順利找到工作了。平日裡沉默寡言的父親，在得知我被公司錄取的消息後，高興地喝著酒微醺地說：「哈哈！總算等到這天了，換我們家女兒要上班賺錢養我了！」

而當了一輩子的家庭主婦，為了兒女辛苦付出的母親，也像是卸下心裡的一顆大石頭，笑著對我說：「以後要好好認真工作喔！」

而我也似乎隱約感受到了身為社會一分子的使命感，在那一年裡，連公司給的十五天特休假都沒休完，卯足了勁拼命認真工作。好不容易終於熬出了一些成果，工作表現也備受上司肯定，職場前途一片看好。

然而，在剛滿三十歲那年，我結婚了。翌年，我懷孕了。生完孩子後，我請了一段時間的育嬰假，但才復職不到半年，我又懷孕了。當主管聽到我又懷第二胎的消息時，臉色凝重地對我說：「看來妳是打算辭職不幹了是吧？」

其實我並沒有辭職的打算，但也還沒下定決心之後會回職場繼續工作。跟懷第一胎時的心情不一樣，懷第二胎時我心裡很明白，職業婦女一面工作一面帶孩子，會是什麼樣的生活？別人又會怎麼看我？這些我再清楚不過了。

過去我也曾是別人眼裡「優秀」的員工，但生完小孩後，身邊卻開始出現各種不同聲音：「如果沒結婚表現會更好」、「工作態度不認真」、「可能不知道哪天就辭職回家帶小孩了」……甚至只是因為生完小孩後去上班，就被別人說這個媽媽「眼裡只有錢」。明明心裡愛孩子愛得要命，卻因為選擇當職業婦女，被懷疑不夠愛小孩。

面對工作與家庭兩頭燒，最累的並不是身體上的疲憊，而是渾渾噩噩地忙完了一整天下來，不知道自己到底為何而忙，躺在床上一股莫名的空虛感襲來時，才最令人感到心力交瘁。

「我今天有把孩子顧好嗎？」

「我今天上班有認真嗎？」

就連這麼簡單的問題，都無法自信滿滿地回答，似乎沒有一件事情做得好，每天都處在焦慮中，甚至開始對自己產生懷疑。

於是生完老二後，我遞出了育嬰假申請。我想，最開心的人應該是我們家老大了。雖然他已經很適應幼稚園的生活，老師也對他照顧有加，但自從我請育嬰假開始自己帶他後，他每天從一睜開眼睛到晚上睡覺，都笑嘻嘻的，好像很高興有媽媽陪在身邊。就連去公園遇到別的媽媽時，她們也都說：「小雄的個性本來就很開朗了，但最近感覺變得更活潑了，臉也比以前圓了呢！」

其實，我也一樣很開心，總算不用為了兼顧工作與家庭蠟燭兩頭燒，也不必再被時間追著跑，對著明明還不會看時鐘的孩子大吼：「你知道現在幾點了嗎？」

能專心陪伴兩個孩子成長，讓我感到很幸福。但不知道為什麼，從那天之後我一直想起學妹傳來的那張照片。閉上眼睛，彷彿看見自己坐在辦公桌前認真工作的身影，心情甚是微妙。

「是因為帶孩子太累，所以想回去上班了嗎？」

似乎也不是。雖然有時會羨慕「偽單身」去上班的老公，但也心知肚明職場生活並非想像中的那麼簡單，很訝異自己居然會懷念起上班的日子。

曾經在媒體界很活躍的史蒂芬妮．史塔爾（Stephanie Staal），走入家庭生了孩子後，成為了一名獨立記者。她曾在《偉大的女性》（*Reading Women: How the Great Books of Feminism*

Changed My Life）這本書中描述女性結婚後，身上同時背負了妻子和母親的角色，為了扮演好這些角色卻失去了自我，不斷在無數個抉擇中徘徊掙扎。

著名小說家雷切爾．卡斯克（Rachel Cusk）也在《回憶錄》（*A Life's Work*）裡說過這樣一段話：「成為母親之後，和孩子在一起時，『我』並不是真的『我』；但孩子不在身邊時，『我』卻也不是完整的『我』。（……）身為母親的我們，總會像這樣在內心反覆糾結，在過程中跌跌撞撞，終究學會活出自己的人生。」

我似乎也是如此。雖然很喜歡「媽媽」這個角色，但卻不喜歡自己當媽媽時的樣子；雖然懷念上班時的日子，卻不想回到還沒當媽前，整天只知道工作的生活；雖然想重返職場當職業婦女，卻不想日復一日地為工作忙碌奔波後，在夜深人靜時覺得空虛，很想把分裂的自己拼湊完整。

「我想成為什麼樣的媽媽？」

「孩子真正需要的是什麼？」

「工作對我的意義是什麼？」

「對我來說什麼才是最重要的？」

「我到底想要過什麼樣的人生？」

於是，我回到原點，在心裡問自己這些問題。

重新思考媽媽這個角色和工作對我的意義，拋開所謂「好媽媽」、「成功人士」的世俗標準，回到內心，聆聽自己內在的聲音，究竟我想要成為什麼樣的媽媽？什麼樣的員工？什麼樣的自己？

精神分析學者──詹姆斯．霍利斯（James Hollis）在《到了四十歲，我還不知道我是誰？》（*The Middle Passage*）這本書中，曾談到了邁入中年後會有所謂的中年危機感。之所以會有中年危機感，並不是因為人生「步入黃昏期」，而是因為邁入中年後，那些一直以來深信不疑的「假象」（assumption）開始逐漸瓦解。

當我們為人母後，也一樣會對那些過去所看到的、聽到的、學到的、深信不疑的一切事物開始產生懷疑，會試著去尋找所謂的「標準答案」。從這點來看，女人成為母親的那一刻起，彷彿歷經了一次「中年危機」。唯有順利度過中年危機後，才能活出精彩的人生下半場，身為母親的我們，也必須重新完整了「當媽之前的我」和「當媽之後的我」，才能活出真實的自己，譜出人生新樂章。

市面上許多心靈成長書籍，都鼓勵大家訂定明確的人生目標，再針對目標排定優先順序，盡力去完成對自己而言最重要的人生目標。但成為母親後的我們，卻常常把那些夢想拋諸腦後。可即使是當了媽，也不要忘了自己的夢想。當妳設下明確的目標後，每一步路都會變得無比清晰；當妳訂定優先順序後，生活也不再庸碌渾噩。

一位職場後輩曾說過：「痛苦是因為不知道自己要什麼，但如果清楚知道自己要什麼，一切的辛苦就有意義。」當目標明確了，即使再忙再累，也依然能樂在其中。

當朋友聽到我要寫一本關於媽媽的心理勵志書時，曾問我：「寫這種書，不是應該等到事業成功了再來寫，會比較有說服力嗎？」

我聽完後，反問他：「所謂的成功是什麼？」

至少對我而言，我很滿意現在的自己，每天晚上躺在床上時，不再感到空虛落寞。「做自己生命的主人，人生才會活得有意義。」原本對這句話似懂非懂的我，現在也越來越能體會這句話的真實含意。

因為，我遇見最真實的自己，活出了自己的人生！

第一章

成長的第一門功課　媽媽

媽媽從來就不是真的沒事

「為母則強，別擔心！」歷經三十小時的陣痛後，生完老大的那天，懷裡抱著孩子的我，一看到娘家媽媽就忍不住哭了起來。淚水裡夾雜了初為人母的喜悅、焦慮和害怕。母親像是理解我的心情，對我說了這句話。

記得小時候，媽媽即使生病發高燒，還是會在頭上綁上白頭巾[①]，為我們料理三餐。明明病得很嚴重，但只要一到吃飯時間，就會立刻起身到廚房煮飯。等到大家都坐上餐桌時，她留下一句「等你們吃飽再叫我」後，又回到房裡休息。雖然心裡很擔心，但看到她依舊打起精神起身替全家人打理餐點，看起來一點都不像生病的樣子。

每次問她：「媽，妳還好嗎？」

她的回答總是：「嗯！我沒事，我可是媽媽耶！」

小時候我經常聽到媽媽這麼說。

生完老大後沒多久，我得了乳腺炎。整個人忽冷忽熱，全身像被針扎一樣痛。但餵母奶又不敢隨便吃藥，還真的是「有生以來」第一次經歷這樣的痛。好不容易把孩子哄睡，躡手躡腳起身準備離開，但孩子身上像是裝了「媽媽雷達」一樣，立刻嚎啕大哭了起來。身心俱疲的我抱著孩子一起哭，腦海裡浮現了母親生病時頭上綁著白頭巾的樣子，邊哭邊喃喃自語著：「媽妳騙人！哪裡沒事了，明明就很有事！」

在養育兩個孩子的過程中，我經常想起我的母親。我的母親雖不曾買過昂貴的衣服給我們，卻也不曾讓我們穿得邋裡邋遢；一到夏天，她會把西瓜最鮮美多汁的紅嫩果肉留給我們，把最不甜的地方留給自己；需要她時，她會立刻飛奔到我身邊，我話還沒說出口，她就知道我心裡想說什麼。

每次覺得很感謝她時，我總會大言不慚地對她說：「等我長大會好好孝順妳的！」而她總是會回我：「妳少來！我才不敢想咧！」

聽她這麼說，其實心裡很不是滋味，便開始跟她鬥起嘴來，但終究還是講不贏她。最後只

①在頭上綁白頭巾，是韓國治療偏頭痛的民俗偏方，認為可以減輕疼痛、避免頭暈。

好語帶妥協地說：「好吧！那我有小孩之後，也要跟妳一樣對孩子這麼好。」在心中默默希望自己能成為像母親一樣的媽媽。

然而，母親卻不希望我像她一樣。休育嬰假期間，某天，她突然問我：「雅緣，妳之後會回去上班吧？」

聽到這句話的我，像是被人踩到地雷一樣，整個人氣炸了，立刻反問她說這是什麼話啊？難道沒看見孩子還這麼小嗎？明明她自己也是親手把我們三個孩子帶大的，我的孩子才剛滿一歲，她怎麼能在這時候叫我回去上班？問我這種話？我氣沖沖地對她大發雷霆，但母親並沒有因此讓步。

「正因為媽是過來人，才不希望妳跟我一樣。我以前也認為女人結婚後就應該在家裡當賢妻良母，但活了大半輩子後，才發現人生不該只是這樣，我很後悔從來都沒有好好為自己而活。」

母親說得一點也沒錯。不過，她居然要我不要活得跟她一樣，甚至說她很後悔，這實在令人無法置信，也不想相信。但看得出來她是認真的，問她覺得最後悔的是什麼？她回我：「太努力想當一個好媽媽。」

某週刊曾做過一項問卷調查，詢問媽媽們是否為了要當一個「好媽媽」而感到壓力？有百分之九十的人回答確實有壓力。問她們當媽媽後，是否覺得不快樂？結果有超過百分之八十的媽媽，在當了媽後覺得不快樂。

我認識的一些媽媽們也是如此，她們雖然想當一個「好媽媽」，但卻一點也不快樂，專家認為原因出在「好媽媽情結」。所謂「好媽媽情結」，是一種完美主義強迫症，為了當一個令人稱羨的完美好媽媽，不斷拚命努力，卻又因為覺得自己不夠完美而感到焦慮。或許是因為這樣，二〇一六年針對媽媽們進行問卷調查，問媽媽們認為成為一個「好媽媽」最重要的條件是什麼？回答「耐心」的比例居然高達百分之四十八，比「滿滿的愛」的百分之三十七還要來得高。看來想當一個好媽媽，耐心似乎比愛更重要。

小時候，媽媽偶爾會把我抱起來坐在她的膝蓋上玩飛高高。有一次玩飛高高時，她說過這麼一句話：「什麼好媽媽、不好媽媽的都是你們在說，為了當一個好媽媽，簡直快把我逼瘋了！」

當時的我，並不理解母親這句話的意思，現在總算懂了。當了媽之後，身旁有太多人都想教妳如何成為一個「好媽媽」。不管在公園裡遇到的鄰居也好，還是逢年過節才會見面的親戚朋友，甚至連路上不認識的歐巴桑，明明沒詢問她們的意見，也硬要湊過來說幾句。

「一定要自然產，自然產對媽媽、對孩子都好。」

「孩子喝母奶比較不會生病，抵抗力會比較好。」

「孩子哭了不能馬上抱起來。」

當了媽之後，開始有一堆人會告訴妳，該怎麼當媽媽，媽媽該怎麼做才是對的。

就連專家們也爭先恐後地想教妳成為「理想中的好媽媽」。一九〇九年瑞典兒童教育學者——愛倫凱（Ellen Key）曾在《兒童世紀》（*The Century of Child*）這本書裡提出了親密育兒理論，認為母親和孩子必須建立緊密的情感連結。但到了一九二〇年，行為主義學者們又提出了不同看法，他們主張母嬰分離育兒法，認為應當採取嚴格教養方式，藉此培養孩子的獨立性。

行為主義學者約翰・華生（John Waston）認為雖然要尊重孩子，但也必須對孩子嚴加管教。他更進一步指出肌膚接觸會對孩子的心理造成負面影響，建議不要擁抱或親吻孩子，也不要讓孩子坐在膝蓋上玩飛高高的遊戲。

不過，美國的小兒科醫師——班傑明・斯波克（Benjamin Spock）隨即又在一九四六年提出了另一項理論反駁，他認為孩子哭鬧時，必須立即回應孩子的需求，鼓勵媽媽們相信自己的直覺，以輕鬆自然的態度育兒。

部分心理學家認為「該做的事情別問孩子意見，否則尊重會變放縱」；另一派的教授學者卻主張「理想中的好媽媽應讓孩子有自由發展的空間，不要強迫孩子和自己一樣」。

隨著時代變遷，專家們心目中「理想的好媽媽」也不斷跟著改變。即使時代背景相同，也會出現完全相反的兩派理論。每個人心目中的「好媽媽」都不同，就連老一輩們認為的「好媽媽」，也和現在不一樣。

某個炎熱的夏天，我正滿頭大汗地為孩子準備副食品，父親看到後對我說：「幹麼把自己搞得這麼辛苦？我們以前是沒錢買才會自己煮，市售的副食品比較營養，別弄得這麼累，用買的就好了！」

我聽完後大聲反駁道：「吼！時代不同了，現在哪有人用買的啊！那是老爸那個年代才這樣吧！」

或許從來就沒有真正所謂的「好媽媽」，因為每個人心中都有自己的一套標準，只是拿自己的標準加諸在別人身上，並非真正的標準答案。就算真的有標準答案，也不要太執著於當一個「好媽媽」。至少不會到老了，才後悔地對女兒說：「千萬不要活得像妳媽一樣。」

因此，妳不需要努力當一個「好媽媽」，更不必因為無法成為別人眼中的「好媽媽」而感到自責。

此外，身為媽媽的妳，也不必太過勉強自己，真的不行就直接說出來。在我休完育嬰假打算回職場上班時，曾拜託過媽媽幫我帶小孩，她這輩子從來沒有拒絕過我的請求，居然頭一次果斷地拒絕我。

「別人的媽媽捨不得女兒太累，都會幫忙帶孫子，妳難道就不會捨不得嗎？既然這樣，幹麼還叫我回去上班啊？」我像個孩子一樣無理取鬧地對媽媽說。

結果，她是這麼回我的：「我現在只會捨不得自己太累。」

哼！真是無情！但我卻欣賞這樣的她。第一次覺得她不只是我母親，而是一個「完整」的人。現在的她，不會再逞強假裝自己沒事。當她說「我沒事」時，我相信她是真的沒事。

孩子三歲前最好自己帶？

去年年底，某論壇網站有一篇標題為「孩子三歲前一定要自己帶」的文章，在當時引起熱烈討論。文章內容主要以二〇一四年某電視台播出的一部紀錄片——《三歲的幸福回憶》為基礎，闡述了孩子出生後到三歲前，必須讓孩子在充滿愛與穩定的環境下成長的論述觀點。這項觀點的依據主要是來自依附理論（Attachment Theory），相信只要是當媽的，應該都對這項理論不陌生。

提出這項理論的人是精神分析學家約翰・鮑比（John Bowlby），一九五〇年他受世界衛生組織WHO之託，針對痛失雙親而被送到大型托兒機構的孩子，以及在孤兒院裡長大的孩童們進行心理研究。根據研究結果指出，幼兒早期若未受到母親的關懷與照顧，當他們長大成人後，無論是在智力、社交能力、情商能力等各方面，容易出現發展遲滯現象。

五年後，鮑比又進行第二次研究。針對和父母分離四年，在結核病防治中心待了五個月至兩年左右的孩子們進行追蹤觀察，發現他們相較於正常家庭下成長的孩子，個性明顯躁動不安，甚至常會有情緒反應過於激烈的問題出現，將來成為反社會人格型犯罪者的機率也相對偏高。因此，鮑比根據這項研究結果提出了「依附理論」，主張幼兒時期的依附關係會影響終生。

從羅馬尼亞孤兒院的案例，更能看出依附關係的重要性。一九六五年掌握獨裁政權的領導者——尼古拉．壽西斯古（Nicolae Ceaușescu），他在當時實行了獎勵生育政策。下令禁止避孕、墮胎，更強迫適孕年齡的女性必須生四個以上的孩子。雖然出生率因此大幅提高，但無力扶養的父母們只能選擇棄養，數以千計的孩子們被送進孤兒院。

在孤兒院裡，保母一個人必須同時照顧好幾十個小孩，在這種環境下長大的孩子，到了三歲還不會說話，而且不哭不鬧，即使有人靠近，也絲毫沒有任何反應。相較於一般正常孩子，生長曲線指數只落在百分之三到百分之十之間。

這篇文章所要傳達的訊息，再明確不過了。

「孩子三歲前，媽媽應該要自己帶孩子，而不是去上班！」

文章底下有超過三千多則回應，父母們紛紛留言大吐苦水。

「如果可以誰不想自己帶小孩？但不上班哪來的錢養小孩，靠老公一個人賺根本不夠用啊……」

「每次看到這種文章都會覺得很心酸，你以為我想去上班嗎？但物價上漲，再加上社會對於二度就業婦女不友善，辭職帶小孩之後很難再找工作，我還能怎麼辦？」

我其實也很不喜歡像這種只會加深媽媽罪惡感的文章，完全沒有考慮到職業婦女的無奈。

「孩子三歲前最好自己帶」、「孩子出生後到三歲前是影響孩子一生的關鍵期，媽媽必須全心陪伴孩子成長」、「最好等孩子滿三歲再送去幼稚園」，甚至還有人提出了孩子三歲前一天內最少要和媽媽緊密相處三小時，媽媽絕對不能離開孩子三天以上的「三・三・三黃金育兒法則」。

但這些說法只會讓職業婦女的心情更沉重，更別提生完小孩三年內可以請育嬰假這件事了，對她們來說，連能不能請育嬰假都是問題。

「三歲前是孩子成長黃金期」這句話雖然沒錯，要讓孩子在充滿愛與安全感的環境下長大。然而，主照顧者必須是媽媽才行嗎？雖然當年大多數關於依附理論的研究報告都指向「照顧者＝媽媽」、「媽媽在孩子成長過程中扮演著重要角色」，但也有人開始質疑這項論述的前提。

一九七〇年初，兒童心理學家——邁克爾・盧特（Michael Rutter）針對母親與孩子之間的依附關係，提出了不同看法。他認為幫助孩子建立穩定的依附關係固然十分重要，但孩子依附的對象不見得必須是母親。

文化人類學者瑪格麗特・米德（Margaret Mead）也認為多名照顧者一起分擔育兒工作，會比母親單獨一個人照顧來得更好。各項研究結果也指出，照顧者只要是明確的特定對象，且能提供給孩子依附安全感，並不會影響孩子的正常發展。

或許有人會問：「那羅馬尼亞孤兒院事件又該如何解釋？」

但在這項案例中，一位保母同時照顧數十位以上的孩子，是屬於比較極端的特例。再加上保母們單純只是滿足孩子基本生理需求，和孩子們之間完全沒有互動，甚至沒給他們任何玩具，孩子們只能靜靜地躺在床上，根本無法和任何人建立依附關係。但雙薪家庭的父母們並不會像羅馬尼亞孤兒院的保母一樣，只是單純滿足孩子生理需求後就丟下孩子去上班。

關於「孩子三歲前最好由媽媽自己帶」這項論述，陸續也出現了反駁理論。

二〇一四年美國針對一萬名孩子為對象進行研究調查，研究結果指出孩子五歲時的學習能力與偏差行為，與孩子兩歲前是否由媽媽親自照顧無關。無論是全職媽媽或職業媽媽，對孩子的成長並沒有所謂的好壞之分。

這項調查結果與去年日本御茶水女子大學教授——菅原真澄（菅原ますみ）所提出的理論不謀而合，他針對二百六十九組日本家庭進行為期十二年的追蹤調查，結果發現在孩子未滿三歲時，即使母親是職業婦女沒有自己帶孩子，也不會因此造成孩子行為偏差或導致親子關係惡劣。

不僅如此，甚至還有研究報告提出「職業婦女有助於孩子未來成就發展」的理論。二〇一六年哈佛商學院凱瑟琳．麥金（Kathleen McGinn）教授團隊發表了一篇研究報告，標題為「職業婦女的女兒更成功，兒子更顧家」。

這篇論文在當時引起了廣大迴響，論文中針對二十四個已開發國家將近五萬人次進行調查，研究結果發現若母親是職業婦女，女兒長大後成為主管、專業人士的可能性更大，其薪水通常也比母親是家庭主婦的女性更高。而職業婦女的兒子，長大後更會幫忙做家事，平均每週花在家人身上的時間約十六小時，比起母親是家庭主婦的兒子（八點五小時）高了近兩倍的時間。

然而，即使這麼多研究結果都指出，孩子的成長發展跟媽媽是否為職業婦女無關，但社會觀點並不這麼認為。仍有許多人認為媽媽應該要自己帶孩子，十個媽媽中有八個媽媽，她們一致的說法都是：「孩子三歲前媽媽應該自己帶，否則會影響孩子的人格發展。」

坦白說，我之前也是這麼認為的。所以當初決定重返職場，要把一歲多的孩子交給別人帶時，心裡也是百般糾結。雖然翻遍所有研究報告，都指出孩子三歲前自己帶比較好的說法只是「神話」，並非「事實」，但還是很難過得了自己心裡這關。

工作了大半輩子，到現在年過七旬也還在上班的婆婆，對一直在猶豫到底該不該回去上班的我說：「別想太多了！」

她告訴我就算媽媽去上班，也不會影響孩子成長。叫我看看老公和大姐，他們現在不也很好嗎？和老公聊起他小時候的事，他也是跟我說：「雖然媽不在身邊，的確會有不方便的時候，但我從來不會覺得她不愛我。」

婆婆又接著說：「選擇當職業婦女，並不代表妳是不及格的母親。」

她認為比起「媽媽自己帶孩子」，更重要的是「什麼樣的媽媽」在帶孩子。

幸福兒童研究所的徐千石所長曾說過，對孩子來說最危險的人其實是「不快樂的父母」。當媽媽不快樂時，會無法立即回應孩子的需求，對孩子的覺察力會降低。雖然還是可以照常餵孩子吃飯、哄孩子睡覺，卻很難用心去察覺孩子的感受。只有當媽媽情緒穩定時，覺察力才會變得比較敏銳。並不是一直待在孩子身邊就能磨練出覺察力，重點在於是否用心覺察。

越是刻意強調「三歲前媽媽要自己帶孩子」，只會加重媽媽們的負擔。比起育兒工作本身，害怕無法達成社會對「好媽媽」的期待，更令人倍感壓力。擔心自己無法成為一個好媽媽，甚至為此感到痛苦自責。當媽媽不快樂時，孩子也不會感到幸福。到最後，「三歲兒神話[②]」不再是神話，反而是一種魔咒。

老大剛滿一歲三個月時，就送去托嬰中心；老二則是自己帶到快一歲九個月大，就給別人帶了。今年，他們一個七歲、一個五歲。原本我也曾擔心「給別人帶真的好嗎」，但他們現在

② 在日韓圈媽媽界盛行「三歲兒神話」的說法。所謂「三歲兒神話」，是指零至三歲寶寶處於腦力發展關鍵期，媽媽的愛至關重要，倘若媽媽沒有自己帶小孩，對寶寶發展會有不良的影響。

一樣長得很好。和其他同年齡的孩子一樣健康、快樂，愛笑也會哭；有時候會任性無理取鬧，但也有乖巧體貼的時候。

原本想等他們三歲時再觀察看看給別人帶的結果如何，但等到孩子真的三歲了，發現其實也沒有什麼不一樣。只是孩子大了，育兒瑣事雖然減輕了不少，但要擔心的事情卻變得更多。加上老大明年八歲，聽說小學一年級是最需要媽媽的時候，於是，向一位同樣是職場媽媽的前輩請益。

「等過了明年，應該就可以真的喘口氣了吧？」我問。

結果，卻換來她一陣大笑。

「小學一年級過後，緊接著就是青春期的考驗；青春期過後，又是正值高三大考的年紀，高三的孩子對媽媽來說也是一大挑戰。當了媽就是一輩子的功課，別妄想會有輕鬆的那天，好好加油吧！」

想成為像媽媽一樣的大人

待在咖啡廳裡，即使不是刻意偷聽，也能隱約聽到隔壁桌聊天的內容。尤其是當隔壁桌坐了一群媽媽們時，我總會忍不住豎起耳朵，想聽聽看她們在聊些什麼。在她們聊天的內容中，最常聽到的一句話就是：「我好像沒資格當媽媽。」

我似乎也是如此。每次對孩子發完脾氣後，看孩子哭到睡著的臉龐，總會在心裡後悔著：「孩子還這麼小又不懂，我幹麼對他這麼兇……」

但當隔天還是一樣又忍不住對孩子發飆，或是就連買外食回來弄給孩子吃都覺得麻煩時，也會懷疑自己是否真的有資格當媽媽？

我們家老大很黏我，雖然大部分的孩子都喜歡黏媽媽，但他算是特別黏的那種。當他還很小的時候，每次趁他睡著還沒醒來，躡手躡腳地走出房間去浴室洗澡，常常不到五分鐘，就會聽到門外傳來孩子的哭聲。

「等媽媽一下喔，媽媽快好了！」

結果往往都只能洗三分鐘戰鬥澡，不然就只好帶著他一起洗。遇到這種超級黏媽媽的跟屁蟲，幾乎做什麼事情都要黏在一起，我老公常笑我們倆根本就是「連體嬰」。

我剛回公司上班時，他的分離焦慮症更是到達一個極致。每天早上都哭哭啼啼地黏著我，哭著叫我不要去上班，好不容易幾乎是用「拔」的方式，把黏在身上的孩子拔下來，轉身出門後又會在心裡自責：「我現在到底在幹麼啊？」

某天，上班時在電梯遇到同樣也是職業媽媽的學姐，忍不住難過地向她吐苦水。

「學姐，我這樣的媽媽也算媽媽嗎？」

她問我發生什麼事了？聊完後，她淡定地對我說：「妳當然是媽媽啊！越是這種時候，越是要努力做好妳自己，就是給孩子最好的榜樣！」

學姐的這句話，像是一記當頭棒喝。孩子出生後，一直在想身為媽媽的我，到底能為孩子做什麼？總認為媽媽必須為孩子付出犧牲。因此，當自己因為上班無法陪在孩子身邊，也無法好好抱抱孩子時，心裡總會感到內疚。但學姐的話卻提醒了我，媽媽除了「不斷給予」之外，同時也是孩子的「榜樣」。

前陣子，老大說他想學跆拳道。本來不大想讓他這麼早就去上才藝班，但孩子自己說想學，我想，應該就不算是「強迫學習」而是「自願學習」。再加上剛好夏天太熱也沒辦法去公園玩，想說讓他去學跆拳道放放電消耗一下體力也好。

於是帶著他一起去跆拳道館報名。當教練發下跆拳道服後，跟他說：「下禮拜見！」時，他一副像是學了好幾個月跆拳道的人似的，馬上立正站好舉手敬禮說：「好！」在一旁的我，看了也忍不住噗哧笑了出來。

回到家後，他每天都在算日子，一直問我下禮拜是什麼時候？到底什麼時候可以去上課？心裡滿是期待。但等到真的到了「下禮拜」，他卻又突然跟我說他不去了，看來似乎還是對新環境有點恐懼。

老大面對陌生的新環境時，會顯得比較怕生。根據過往的經驗，這時候最好不要多說什麼，在旁邊靜靜觀察陪伴就好。他穿著跆拳道服在門口坐了好一會後，倏地站起來對我說：「媽媽，帶我去上跆拳道課吧！」

「怎麼突然想上了？」雖然很想知道原因，但又怕他改變心意，便趕快帶他出門，直到在路上時才問他。

「本來我覺得很無聊不大想上，但媽媽以前跟我說過，凡事都要試試看，試了才知道好不好玩。媽媽不是也說過，妳剛開始做新的工作時也會擔心害怕，但做了就覺得很有趣，所以我也想跟媽媽一樣試試看！」

幾個月前，因為手頭上接了一個新的專案，心裡很緊張不安，和孩子聊天時曾跟他分享我的心情，沒想到他居然還記得這件事。

對孩子而言，我除了是媽媽之外，也是他出生後第一個遇到的大人，是年紀大他很多的「人生前輩」。就像小時候我看到媽媽心裡會想：「我長大後也要跟媽媽一樣！」孩子也從我身上，窺見未來的自己。

作家奇馬曼達・恩格茲・阿迪契（Chimamanda Ngozi Adichie）③，是奈及利亞作家，小說家，朋友曾寫信問她，要如何把自己的女兒教育成為一名女權主義者？她回答：「成為一位讓孩子敬佩的女權主義者吧！」

她之所以會這麼說，原因很簡單——

「孩子是看著父母的背影長大的。」

在孩子成長過程中，會有很多人一起幫忙照顧孩子。像是老大白天上幼稚園的老師和老二托嬰中心的保母；還有去公園玩時，其他小朋友的媽媽也會牽著他們的手陪他們一起玩溜滑梯；奶奶會帶他們去買東西……從小，他們會感受到許多來自不同人的愛。

但照顧孩子，跟作為孩子的榜樣是截然不同的兩回事。對孩子來說，他們第一個學習的對象是父母，在他們還無法分辨對錯時，會先從模仿父母開始學習。因此，父母必須以身作則，做好孩子的榜樣。

我希望在孩子眼裡，我是一個「還不錯的大人」。雖然很想讓孩子看到自己完美的一面，但也知道自己並不完美。不過，與其因為不完美而難過抱怨，我想讓孩子看到的是：即使不完美，仍然努力活得精彩的自己。

因此，阿迪奇才會建議父母要先想好，希望讓孩子看到怎樣的自己？而且越早規劃越好，這是身為父母的第一項功課。當父母活出屬於自己的人生時，就是給孩子最好的身教，孩子才

---

③出生於奈及利亞埃努古州埃努古，十九歲時來到美國。著名的作品有小說《紫芙蓉》（*Purple Hibiscus*，2003年），《半個黃色太陽》（*Half of a Yellow Sun*，2006年）和《美國》（*Americanah*，2013年），短篇小說集《你脖子上的東西》（*The Thing Around Your Neck*，2009年）和隨筆《我們都應該是女權主義者》（*We Should All Be Feminists*，2014年）。

會有勇氣去面對這個世界。

如果可以，我希望兩個孩子將來也能像我一樣，享受為人父母的喜悅，體驗這份既甜蜜又沉重的負擔。當他們把孩子抱在懷裡的那一刻，也會沉浸在難以言喻的幸福中，想為了孩子付出一切。希望到那個時候，他們也能明白要成為一位好父母，必須先活出自己；想讓孩子過得更幸福，就必須先讓自己幸福的道理。

因此，我希望自己不只是陪伴孩子成長的父母，更希望能成為和孩子一起成長的父母，希望自己能變得更好、更幸福。如此一來，當孩子說「我長大後也想成為像媽媽一樣的大人」時，我能夠毫不猶豫地對孩子說「好啊！那我們一起努力」。

不當完美媽，孩子更快樂

我們家老大小時候很討厭畫畫，但他卻很喜歡看我畫畫。每次都會拿畫本和彩色筆給我，叫我畫動物給他看。先是叫我畫老虎，再來是鬣狗、美洲虎、花豹、美洲獅、獵豹……等一系列的「老虎家族」，邊畫時還會在一旁糾正我。

「不對啦！獵豹的花紋是圓圓的，媽媽妳看過甜甜圈吧？豹的花紋要跟甜甜圈一樣圓圓的。」

「那換你畫給媽媽看！」

「不要，媽媽畫啦！」

其實他並不是不會畫，一個人慢慢畫也畫得還不錯，至少不用問也能看得出來他畫的是什麼。明明我也不算是很會畫畫的人，不知道為什麼他一定要叫我畫給他看。

韓國兒童心理學家鄭有津曾說過，通常比較沒自信的孩子，身邊一定會有一個「很厲害的媽媽」。當孩子看到媽媽畫完很厲害的畫後，心裡會覺得：「哇！媽媽好會畫喔！」雖然當媽媽畫完後，都會鼓勵孩子自己試著畫畫看，並告訴孩子：「沒問題！你也可以的！」但通常這時候孩子只會覺得壓力很大，反而變得更沒自信。

鄭有津專家建議與其鼓勵孩子「試試看」，倒不如媽媽先試著把自己的水平降到比孩子實際年齡小兩歲。如果以當時小雄五歲的年紀來說，當他叫我畫老虎時，我只要畫出三歲孩子會畫出來的老虎就好，但很重要的一點是，還是要很認真畫，不能敷衍了事，只是在畫畫的時候，把自己的繪畫水平降低到三歲左右就好。

當原本很會畫老虎的媽媽，突然畫了一隻看不出來到底是貓還是狗的動物，孩子肯定會纏著妳叫妳再畫一次，這時候只需要露出很失落的表情，告訴孩子妳已經盡力了，這樣孩子可能就會比較願意試著自己畫畫看。

看到專家的建議後，我才恍然大悟。想起小時候我似乎也是如此，看到大我三歲的姐姐在畫畫時，我也只是拿著彩色筆站在旁邊默默地看。當姐姐對我說：「妳也試著自己畫畫看啊！」我還是一樣不敢畫，怕自己畫出來的東西會被取笑。我想，如果之後孩子再叫我畫畫，我應該把自己繪畫的水平降到「比孩子小兩歲」的程度來畫就好。

其實不只是畫畫這件事，如果想教孩子學會某件事時，要先試著當一個「比孩子小兩歲」的媽媽，偶爾裝傻，孩子才會願意嘗試。但說歸說，實際上做起來可沒這麼容易。

「哎呀！我怎麼又忘了？」

很多時候都是事後才想起來。然而，有趣的是，當我重返職場後，即使沒有刻意努力，就經常意外成為「比孩子小兩歲」的媽媽。

每天晚上孩子睡著後，我會到孩子幼稚園的網站，上網瀏覽孩子白天在學校時拍的照片。某天我看到照片裡全班小朋友都穿藍色運動服，只有老大一個人穿紅色T恤，才突然想到：「啊！對耶！今天是星期五！」他們每個星期五要穿運動服到校，但我卻忙到忘了。

隔天早上起床後，我便抱著孩子向他道歉：「對不起，媽媽忘了昨天是星期五，所以沒幫你準備運動服。」

本來不提這件事孩子壓根也不記得，但一道完歉後，孩子才想到自己好像應該要生氣，便嘟著嘴氣呼呼地一句話也不跟我說。

「媽媽下次一定會記得的！」

雖然明知道下次可能還是會忘記，但還是和孩子打勾勾約定。就這樣，某天孩子突然像是想到了什麼好點子，興奮地跑來找我。

「媽媽，我想到一個好辦法了！把運動服放在鞋子旁邊，這樣就不會忘記了！」

「可是鞋子很髒耶！把衣服放在旁邊會弄髒吧？」

「反正又不是每天穿，一星期才穿一次而已，把運動服放在鞋子旁邊就一定會記得。」

接著他又趁機碎念了我一頓，但我們都覺得這是個好方法。

「嗯，的確是個好方法！這樣媽媽就一定會記得。」

看到孩子這麼努力想辦法，應該是很不想再當班上唯一沒穿運動服的人，雖然心裡很內疚，但看到孩子露出得意的表情說：「我這個方法很棒吧！」也不禁令我莞爾一笑。

從那之後，孩子就像我的小幫手一樣，會提醒我很多事情。睡覺前，他會跟我說：「媽媽，如果妳忘記明天早餐要吃蛋餅的話，再問我就好！」出門前，他會跟我說：「媽媽天氣變冷的話要記得戴手套，我幫妳把手套放在口袋了喔！」然後，會幫我把該帶的東西準備好。

甚至有時候就自己直接默默做好，因為我經常把兩個孩子的餐具放錯，把老大的餐具放到老二書包，把老二的餐具放到老大書包。後來每當上學出門前，老大就會自己去確認書包裡的餐具有沒有放對。

精神科醫師河智賢博士④曾寫了一本書《不當完美媽，孩子更快樂》。第一次偶然在書店看到這本書時，原本以為書的內容大概是叫媽媽們凡事不用太過完美，但此外書裡還提到了另一項觀點：追求成為完美的父母，對孩子來說反而是一種「災難」。

作者認為應該要讓孩子看到父母也一樣會犯錯，重點在於犯了錯後，我們如何去面對錯誤、解決問題。當孩子看到這樣的我們後，才會有勇氣去接納自己的錯誤，願意不斷嘗試挑戰，勇敢去冒險。

沒錯！（雖然我並不是刻意要這麼做）媽媽不完美，孩子才會長大。因此，不需要努力當一個完美的媽媽，每個人生來就是不完美的，要懂得接納自己的不完美。如果可以，讓老公和孩子一起幫忙，去填補那些不完美的地方，和他們一起努力想辦法解決也很好。

像最近兩個孩子每天早上換衣服時，都會問我：「媽媽，今天不用穿運動服嗎？」被孩子這麼一問，我就會想一下：「今天是禮拜幾？」如果是禮拜五，就再把運動服拿出來給他們換。我還特地設了鬧鐘提醒，怕哪天孩子跟我都忘了，但到目前為止都還沒發生過這

④河智賢，韓國首爾大學精神科醫學系博士，現任首爾大學醫院精神科醫師。

種事就是了。每次鬧鐘響了，孩子跟我就會很開心地笑著對鬧鐘說：「嘿嘿！不用你提醒，我們早就穿好囉！」

別當自責媽，而是負責任的母親

每個孩子出生後，都必須接受新生兒篩檢。進行新生兒篩檢的目的，是因為有些先天性疾病若能及早發現、及早治療，就能提高孩子痊癒的機率。因此，政府從二〇〇六年起，針對國內發生頻率較高的苯酮尿症、先天性甲狀腺低功能症、楓糖尿症、半乳糖血症、先天性腎上腺增生症、高胱胺酸血症等六項先天代謝異常疾病進行新生兒篩檢補助。

生老大時，我根本不知道有這項檢查，只記得出院那天似乎有聽到醫生說：「檢查結果會以電話另行通知。」雖然心裡很疑惑：「到底是什麼檢查？」但當時心思都放在孩子身上，一心只想趕快帶孩子回家。幾天後，接到醫院電話說檢查結果一切正常，本來想問是什麼檢查，但剛好孩子哭了，便沒再多問什麼，直接掛上電話。

但老二的情況就不同了，只記得出院那天一樣有聽到醫生說：「檢查結果會以電話另行通知。」我心想老大沒事，老二的檢查報告應該也正常才對。沒想到，幾天後卻接到醫院來電要孩子回診複檢，直到這時候我才問：「到底是什麼檢查？」

老二被檢查出來患有六項先天代謝異常疾病中，最常見的先天性甲狀腺低功能症，也就是俗稱的甲狀腺功能減退症。

在醫生說明病情前，他先說了一句：「這不是媽媽的錯！」「孩子一出生後就診斷出患有這項疾病，因此稱為先天性疾病。但這項疾病跟遺傳無關，更不是因為媽媽懷孕時吃錯什麼東西才造成的。」

但當下其實我什麼話也聽不進去。

醫生接著說只要把握現階段治療黃金期，按時補充甲狀腺素，控制好甲狀腺數值，將來也可以和正常的孩子一樣健康成長。但換句話說，如果沒有定期服用藥物，就會影響孩子的生長發育。再加上零至三歲是寶寶腦部發育的重要關鍵期，倘若甲狀腺功能出現異常，會影響腦部發育。因此，每天早上必須要空腹按時服用甲狀腺素。

從那之後，每兩週或是每個月一次我會定期帶孩子回醫院追蹤檢查，確認甲狀腺數值是否穩定。每次醫生看到我都會說：「媽媽妳把小潔照顧得很好呢！」

問醫生：「為什麼孩子會得這種病？」醫生只是告訴我，醫學上並沒有明確病因，要我不要再去想「為什麼」，現階段只要專心好好照顧孩子就好。他還說因為有按時服藥的關係，小潔目前的病情很穩定，看起來應該沒什麼太大問題。

現在回想起來，醫生其實是要我放下「我到底做錯了什麼？」的負面想法，把焦點放在「我還能做什麼？」的正面思維上。

「孩子生病媽媽通常會很自責，但孩子生病並不是媽媽造成的。孩子年紀小抵抗力差，本來就比較容易生病，需要媽媽悉心照顧。照理說，應該是孩子要感謝媽媽，而不是媽媽覺得對不起孩子。」

通常人們會對某件事感到愧疚，是因為認為自己對這件事有責任。就像媽媽之所以會自責，是因為覺得照顧孩子是自己的責任。某種程度上，自責和負責是息息相關的，但自責並不等於負責，兩者是截然不同的呈現。法國精神分析學者安・瑪莉・菲利奧沙（Anne-Marie Filliozat）認為自責幾乎是在無意識狀態下「突然冒出來」的一種負面情緒；相反的，負責則是帶著某種特定目的，希望讓某件事情獲得積極改善的正面心態。

當陷入自責時，人會不斷去想：「我到底做錯了什麼？」糾結在過去的悲傷中；但如果是以負責任的角度去看事情，則是會去思考：「我還能做什麼？」試著努力尋找解決問題的方法。

身為父母的我們，難免會陷入自責的糾結中，就連被大家公認是幸福國家的法國媽媽們，也一樣難逃自責魔咒。雖然自責難免，但我們唯一能做的，就是學會原諒自己，減少自責情緒帶來的傷害。

當孩子出狀況時，父母必須探討問題發生的原因，有可以改善的地方就加以改善，避免同樣的錯誤發生，這樣其實就夠了。不需要再為了已經發生的事情不斷責備自己，因為就算自責也改變不了任何事情，只需要專注在「能做的事情」上，以負責任的態度積極處理問題就好。

今年年初，公司部門主管換人。新主管上任的第二天，部門第一次召開會議。主管要我們回顧過去這一年來的成果，並針對部門需要改進的地方提出自己的看法。這跟過往開會的形式其實是一樣的，但主管又訂了另一項不同的規則。

「你們可以提出自己的想法，但唯一要注意的一點就是：不要批評。針對需要改進的地方，只要提出解決對策，看未來要怎麼做會更好？可以反省檢討，但不需要刻意去追究是誰的責任。」

人非聖賢，孰能無過。身為媽媽的我也一樣，有時候也可能犯錯。但只要懂得自我檢討，透過錯誤的經驗學習成長，減少不必要的自責，以負責任的態度去思考解決之道，才是更有智慧的做法。

托老二生病的福（？），我學到了另一件事，那就是——媽媽不是萬能的。老二確診的那天深夜裡，門鈴突然響了。按門鈴的人是婆婆。婆婆知道孩子生病的事，心裡也很難受，她說她想握握孩子的手替她祈禱祝福，所以才會這麼晚突然過來。

在漫長的禱告結束後，她握著我的手對我說：「世界上不是每件事都能盡如人意，尤其當了媽之後，更容易有這種感受。每個媽媽都想為孩子付出一切，所以會一直覺得自己為孩子做的還不夠多，但做不到並不是因為妳不夠好，或是不夠努力，是因為媽媽本來就不是萬能的。」

婆婆說得沒錯，陪伴孩子成長的過程中，經常會遇到很多無能為力的時候。當孩子被診斷出患有先天性甲狀腺低下症時，身為母親的我無法阻止這件事發生，我唯一能做的，就是好好照顧生病的孩子。當願意接納自己能做的有限，就能減少類似「都是媽媽不好」這樣無謂的自責情緒。

事實上，媽媽真正能為孩子做的其實並不多，我們無法時時刻刻守護在孩子身邊，亦無法阻止不好的事情發生在孩子身上。不僅做不到，這樣的想法本身也是不切實際的。而我們能做的就是在事情發生後，陪孩子一起哭，給予孩子跌倒後勇敢站起來的勇氣，當孩子最堅強的後盾。至少，我希望我能成為這樣的母親。

媽媽也有自己的人生

老二出生後八個月，甲狀腺數值逐漸趨於穩定。每次帶他到醫院回診，聽到醫生說：「看來之後不大需要擔心了。」心裡像是卸下一顆大石頭。然而，某次回診時，醫生突然問了我一句：「妳什麼時候要回去上班？」

天曉得我為了趕上預約的門診時間，隨便把頭髮紮起來，頂著一張素顏就匆忙地帶著兩個小孩衝進診間，卻聽到醫生突如其來一問，腦袋頓時一片空白，彷彿像是進到異次元空間。再加上看到醫生穿著高跟鞋，打扮得漂漂亮亮的樣子，站在她面前的我，顯得更加狼狽不堪。

「嗯！是也該回去上班了！」

我有點敷衍地回答完後，就離開診間了。

兩個禮拜後，回診時醫生又問了我同樣的問題：「妳什麼時候要回去上班？」

「醫生妳還沒生小孩吧？妳大概不懂看到孩子生病，做母親的心情有多麼難受？才會問了我兩次同樣的問題。」

我稍微有點不悅，表情凝重地回答。

「小潔的病情已經穩定，看來沒什麼大礙。」

醫生像是早已預料到我會這麼回答，開始對我說：「如果想要完全停藥，順利的話至少還需要三年，也就是說要等到孩子三歲時，再重新進行檢查後才能決定是否停藥？但很有可能檢查結果出來，還是必須終生服藥，難道媽媽妳一輩子都不工作嗎？」

罹患甲狀腺功能低下症的孩子，有一部分可以完全痊癒。但也有少部分的患者無法完全康復，甲狀腺素分泌不足會導致內分泌疾病，必須終生依賴藥物控制，這一點我其實心裡很清楚明白。

雖然不希望結果會是如此，但早已做好心理準備。不過，我倒是從來沒有想過，要是孩子真的無法完全康復，那我到底該不該回去上班？

「小潔目前甲狀腺數值已經穩定下來，如果能一直繼續維持現狀，應該不需要太過擔心。雖然還是需要每天按時服藥，但以她的情況來說，並不需要寸步不離地守在身邊照顧。只有當媽媽能以輕鬆的態度去面對，孩子才會認為自己跟別人沒有什麼不一樣，孩子才能真正健康快樂長大。」

基於這個理由，醫生勸我考慮回公司上班。

「同樣的道理，我希望妳不要因為孩子生病，就不願回去上班。唯有當媽媽能活出自己，擁有屬於自己的人生時，孩子也才會打從心裡覺得自己的病情並無大礙，這才是真正對孩子有幫助。」醫生繼續說道。

聽完醫生這番話後，我陷入了一陣沉思，向醫生說了聲謝謝，便準備離開診間，離開前，醫生又對我說：「我也跟妳一樣都是媽媽，我也有孩子，所以我能體會妳的心情，心裡想的念的都是孩子。但像這樣整天圍繞著孩子打轉，並不是真正為孩子好，媽媽這個角色並不是人生的全部，不是嗎？」

「媽媽這個角色並不是人生的全部。」

醫生最後的這句話，不斷在我腦海裡盤旋，時不時就會想起。

孩子出生的那一刻起，我的身分多了「媽媽」這個角色。在那之前，我從來就沒有學過該怎麼當媽媽，也不知道該怎麼當媽媽，但孩子一出生後，抱著眼睛都還睜不開的孩子餵奶、幫孩子洗澡、哄孩子睡覺……所有育兒大小事，瞬間都變成了我的「工作」。正因為什麼都不會，所以拚命努力學習如何當一個稱職的媽媽，孩子就是我的全世界。

一頭栽進「媽媽」這個角色後，根本沒有時間去思考「當媽之前的我是怎樣的？」坦白說，這個問題我連想都沒想過。

一開始當媽媽難免會手忙腳亂，但等過了一段時間後，建議還是要找回原本的生活重心。當因為育兒瑣事覺得身心疲憊，忍不住在心裡吶喊：「可不可以讓我稍微喘口氣休息一下？」就代表需要停下來重新思考「人生的意義」。

一天三餐裡，至少有一餐的時間，讓自己能夠靜下來好好享受美食；至少要留給自己一些時間，可以不被孩子的哭聲打擾，好好地安穩睡上一覺。同時，也要試著找回那個「當媽前的自己」。

現在回頭想想，那時候之所以帶孩子會累到崩潰大哭，似乎是因為覺得失去了自己。

常聽到很多人說，父母的保存期限有限，孩子總有一天會長大，長大後就不再需要媽媽，當媽媽的要提早做好心理準備。但事實上並非如此，即使我現在已經快四十歲了，每到週末還是經常喜歡往娘家跑，娘家媽媽經常對愛跟她撒嬌的我說：「不管孩子多大，在媽媽的眼裡孩子永遠都是孩子；我想就算妳到了六十歲，在我眼裡一樣都還是個孩子。」

對孩子而言，他們這輩子不可能完全不需要母親的幫忙。媽媽應該要思考的，並不是孩子長大後不再需要媽媽時，該如何調適自己的心情？而是從此時此刻起，去思考陪伴孩子成長的過程中，該如何讓自己的人生繼續前進？無論是「當媽之前的我」，還是「當媽之後的我」都一樣重要。

去年，公司成立了專案小組，只要是專案小組的成員，就必須先暫時放下手邊原本的工作和業務，全力支援專案。

心想這次專案進行的方式應該也跟之前一樣，便問部長這次的專案預計何時開始？要到哪個部門支援？

結果部長告訴我，這次的專案是屬於長期企劃，因此除了支援專案工作之外，還要同時兼顧原本的工作。

如果專案是短期企劃，得先暫時放下手邊的工作，集中火力完成新任務後，再回到原本的工作崗位上。然而，如果專案是屬於長期企劃，就要自己從中取得平衡，找到可以同時兼顧兩種工作的方法。

「媽媽」這個角色其實也一樣，當了媽媽之後，一輩子都是媽媽，可以說是人生中歷時最久的一項「長期專案」。要讓這項專案成功，最重要的前提是要在「當媽之前的我」和「當媽之後的我」中取得平衡，不再只是以「媽媽」的身分而活，而是真正活出屬於自己的人生！

媽媽的成長筆記 1

Q：我心目中的好媽媽是什麼樣子？

Q：什麼時候我會覺得自己沒資格當媽媽？假如朋友也為了同樣的事情自責，我會給她什麼建議？

Q：等孩子長大後，我想做什麼？為什麼不現在做？

Q：什麼時候我會覺得很對不起孩子？是否因此陷入過度自責？

Q：我希望孩子眼裡的我是什麼樣子？

第二章

成長的第二門功課　工作

工作是為了養家餬口

職場生活邁入第十四年，在這十四年來歷經過兩次掙扎，糾結著到底是要辭職？還是要繼續上班？兩次都是在生完孩子後結束育嬰假時，雖然是一樣的煩惱，但心裡糾結的點卻不一樣。

我的夢想是當一個全職媽媽，我認為媽媽自己帶孩子是理所當然的事。休育嬰假期間，在老公戶頭裡的數字還沒變成負數之前，我都是這麼認為的。

結婚前買新房挑地點時，我們選在兩個人公司中間，方便之後上班通勤。因為聽完前輩們給的建議後，認為房子用買的比租的好，於是兩人各自拿出一部分的積蓄，再加上父母幫忙資助，向銀行貸款買了一間屬於自己的小公寓。

根據統計處資料顯示，二十至三十歲的韓國年輕人如果想在首爾市區買房，以目前的薪資水平來看，必須工作十二年不吃不喝，賺來的薪水一毛不花才有可能辦到。但結婚後能有一間屬於自己的房子（雖然大部分的錢是跟銀行貸款），還是覺得心裡很踏實。

一開始，想說反正兩個人都有工作，還貸款應該不成問題。老公的薪水用來還貸款，我的薪水用來負擔生活費支出，剩下的錢還可以存起來。剛結婚時，兩個人的生活開銷不多，一切按照原本的計畫進行，順利的話預計十年內就可以把貸款還清，生活也不至於過得太拮据。

然而孩子出生後，一切就變了。開始休育嬰假後，我每個月的薪水瞬間只剩下約二萬元的補助津貼。老公的薪水一樣要用來還貸款，也沒辦法挪用，只好盡量省吃儉用。但孩子剛出生花費特別兇，不管再怎麼省，每個月還是入不敷出。

於是，只好動用先前瞞著老公存下的私房錢，但心裡也隱約感到不安。等育嬰假結束後，如果不回去上班，就連育兒補助津貼也拿不到，日子又該如何過下去？

新韓銀行在今年年初針對一般上班族經濟狀況進行調查，探討為何現今社會雙薪家庭比例如此之高？在雙薪家庭受訪者中，其中有百分之二十七的人認為，必須靠雙薪才能負擔家中經濟開銷，百分之二十是為了退休生活準備，百分之十八是為了子女教育基金，百分之六至八則是為了還貸款或規劃預備金。從這項調查報告中，可以看出一個結論，大部分的人都是為了賺錢才上班。我第一胎休完育嬰假後之所以選擇重返職場，也是基於經濟因素考量。

經濟考量主要有兩方面。首先最主要的原因，是因為孩子出生後家庭生活開銷支出太大，就算想省錢也沒辦法省。孩子平均一天就要換十片尿布，一片尿布換算下來也要將近十元。（什麼？你說等孩子再大一點，尿布用量就可以比較省？沒錯！省下了尿布錢，但接下來一整天三餐都要吃副食品！）

再加上剛出生的寶寶大很快，幾乎每三個月就要買新衣服，即使沒有追求一定要穿名牌衣服，也沒有刻意讓孩子吃最好的、用最好的，但每個月生活開銷還是入不敷出。如果不想讓家用帳戶透支，就必須多賺點錢才行。

根據二〇〇三年美國公共政策智庫 Demos 提出的報告，美國在二〇〇〇年初已開始實施家用貸款計畫。申請家用貸款的目的並不是為了旅行或是奢侈性消費，而是為了維持最基本的家庭生計，餓了有東西可以吃，生病了有錢可以看醫生。

第二個原因是對未來感到不安。去年年底某個網站論壇曾做了一項問卷調查，二十至三十歲的上班族中，有百分之八十五的人希望結婚後能維持雙薪家庭生活。在希望維持雙薪家庭生活的受訪者中，有百分之五十七的人認為單薪家庭經濟壓力太大，百分之三十八的人則是希望能多存點錢以備將來不時之需。請育嬰假的這段期間，基本上等同於單薪家庭，心裡會一直擔心：「萬一老公發生什麼事了該怎麼辦？」看到老公下班回來表情一臉沉重時，也會莫名感到焦慮，害怕哪天老公跟我其中一個人無法再繼續工作賺錢，又該如何是好？

不久前，一位好友的老公因為身體健康出狀況而辭職。

「看到我老公即使身體不舒服，還是勉強拖著身子去上班的樣子，真的讓人很心疼。所以我叫他先暫時休息不要工作了，幸好我們是雙薪家庭所以可以這樣，實在是謝天謝地！」

雖然誰都不希望發生這種事情，但將來哪天我跟老公可能都會碰到意外發生，也可能會突然生一場大病，這是任誰都無法預料的。

此外，還有更深一層的擔憂。一九九七年亞洲金融風暴⑤發生時，當時我還在讀高中。

「我們國家之後會變得怎樣？」

面對政府瀕臨破產的危機，還是學生的我們，也一樣陷入了莫名的恐慌，甚至還覺得期末考應該會考相關問題。某天，經常跟我一起去圖書館念書的朋友，原本我們都說好了之後要考上同間大學同個科系，但她卻突然哭著對我說：「之後妳要自己一個人去圖書館了，我可能沒

⑤一九九七亞洲金融風暴時，韓國政府瀕臨破產，決定向IMF國際貨幣基金會借款。

辦法讀大學了。」

後來聽說她爸爸失業了，隔壁班的某個同學說她之後沒再來學校，也完全聯絡不上，甚至還有人說，因為她爸爸投資失利，帶著全家人逃亡躲債。過去認為摔不破的「鐵飯碗」神話，也跟著一併破滅了。

二〇〇四年大學還沒畢業，我好不容易就先進了一間大公司上班，但這間公司一樣沒有「終生雇用」保障。就連我一直很欣賞崇拜的前輩，每次只要公司有人事異動時，就會找大家喝酒，說他也會擔心自己不知道哪天就收到「明天不用上班」的通知。

每次人事命令發布下來後，有些人可以待在原本的部門，但有些人卻會被「發配邊疆」，被調到完全不相關的部門。即使努力認真工作，也沒有升遷保障，就算年輕時表現很好，也不代表可以一輩子待到退休。身邊也有很多朋友的公司不是突然被合併就是宣告破產，在這個動盪不安的世代，或許並不是公司對員工無情，而是因為沒有能力可以保障員工一輩子工作無虞。

幾個月前，聽說大學剛畢業的姪子找到工作，剛好他們公司在我公司附近，便跟他約好改天中午一起吃飯，順便慶祝他找到工作。結果不久前跟他聯絡，他說自己被裁員了，因為公司經營不善，先裁掉剛進公司沒多久的新鮮人們。在這個經濟衰退的年代，就業環境著實令人堪憂。

因此，家中的經濟支柱光靠一個人是非常危險的，必須要分散風險。針對有小孩後是否要工作的這個問題，唯一的結論是：如果想解決目前養家糊口的問題，或是為了將來不時之需，還是必須要工作才行。

找到工作的樂趣

美國心理學家弗雷德里克・赫茨伯格（Frederick Herzberg）曾提出與工作滿意度有關的兩大因素，也就是著名的雙因素理論（Two Factor Theory）。第一項因素是「保健因素（Hygiene Factor）」，例如薪水、工作環境、人際關係等。如果欠缺這項因素或對此感到不滿意，會引發員工不滿，但這類因素本身並沒有激勵作用，無法讓員工產生積極工作的動力，只能降低員工對工作的不滿而已。

另一方面，像是提升工作上的成就感、受到賞識、升遷等這類型的因素，則屬於「激勵因素（Motivating Factor）」。滿足這項因素能大幅提升員工的工作滿意度，也能提高工作效率。但即使無法滿足，也不會因此造成員工不滿。換句話說，保健因素是工作基本必備條件，但如果多了激勵因素的誘因，對工作是一種加分條件。

生完老大後回職場工作，最主要是為了薪水，也就是雙因素理論中的保健因素。一回公司上班後，每個月二十五號薪水就會固定撥到戶頭，保健因素立刻獲得滿足。每個月都有薪水入帳，家庭開銷不再透支，甚至開始稍微有結餘出現，對此心裡感到很踏實。

但並沒有那種「對工作充滿熱情」的動力，每天早上鬧鐘響了，雖然還很想睡回籠覺，但一想到「要上班才有錢」，只能勉強從床上爬起來。就像某個前輩曾說過：「你不見得喜歡工作，但必須要工作才有飯吃。」

不過，工作一段時間後，還是會希望有其他驅使自己投入工作的動力。正如心理學家亞拉伯罕．馬斯洛（Abraham H. Maslow）⑥曾提出人類需求的五層次理論所說的一樣，他主張人類需求主要可分成五大需求，包括生理需求、安全需求、愛與歸屬需求、尊重需求、自我實現需求，當最基本的生理需求及安全需求獲得滿足後，自然會想追求更高層次的需求滿足。工作也是如此，當基本薪資待遇等條件滿足後，會更進一步地希望獲得工作上的成就感。換句話說，工作雖然是為了養家餬口，但工作也絕非如此單純。

⑥ 出生於紐約市布魯克林區。美國社會心理學家、人格理論家和比較心理學家，人本主義心理學的主要發起者和理論家，心理學第三勢力的領導人。

根據赫茨伯格所提出的雙因素理論，工作上的挑戰、認同、責任、個人成長、貢獻度……等這類的因素都屬於激勵因素，有了這些因素的加成效果，會大幅提升工作的動力。我也不例外，每天都在思考要如何才能獲得肯定、怎樣才能讓自己更進步？

但在還沒找到答案前，我又懷孕了。生完第二胎後，也一樣請了育嬰假。在育嬰假快結束前，又開始在復職與辭職中掙扎。和生完第一胎時，基於經濟因素考量不得不工作，被迫無奈重返職場時的心情不大一樣，心裡其實是渴望回公司上班的。

哈佛商學院客座教授——克萊頓．克莉史汀森（Clayton M. Christensen）曾在《你要如何衡量你的人生？》（*How will you measure your life?*）這本書中，建議大家必須在工作中找到赫茨伯格所提出的激勵因素，去體驗樂在工作的幸福感。當驅使自己工作的動力不再只是單純的外在條件滿足，而是更深一層的心理滿足時，就能感受到其中的差別。沒錯！我也曾體驗過工作帶來的收穫與成長，享受過工作帶來的成就感，因此很懷念那種感覺。

但一方面心裡其實也很害怕，因為再清楚不過身為職業媽媽的我，如果想滿足所謂的「激勵因素」，要付出多大的努力？會有多麼辛苦？必須把握每次的挑戰機會力求表現，努力獲得賞識；如果想要獲得升遷機會，就必須成為「理想中的好員工」（Ideal Worker）。即使下班了，只要主管一句「一起吃晚餐吧」，必須立刻起身跟上；如果半夜十二點過後傳來了簡訊，也要馬上回覆「好的，我會再確認看看」。

曾經，我也是別人眼裡理想中的好員工，比任何人都還要認真，工作態度積極主動。然而，在成為母親之後，我無法再像以前一樣眼裡只有工作，因為這會導致工作家庭失衡，忙於工作疏忽了家庭。

身為母親的我，有責任要照顧好家庭。下班時間一到，我總是最先離開辦公室的那個人；回家後忙著照顧孩子，就算部門群組傳來訊息，基本上也得等三十分鐘過後，甚至是兩小時過後才有辦法確認。當無法像過去那樣在工作上積極表現，就很難獲得上司青睞，考績結果也大不如前，自然就跟升遷無緣。但我卻無法再像生完第一胎重返職場時那樣，只為了每個月入帳的薪水麻木地工作著，覺得自己必須重新找回工作的熱情和動力。

評價和升遷只是努力工作後附加的成果，雖然獲得肯定和得到升遷機會會令人倍感成就，也會讓人想「更賣命工作」，但周遭旁人的肯定都只是「外在動機」而已，我真正需要的其實是找到「內在動機」。

到現在我都還記得，老大第一次剛學會走路時臉上的表情。因為他個性比較膽小，一開始只敢扶著東西慢慢走，像是在嘗試一樣。每跨出一步都非常小心翼翼，扶著走沒幾步路又坐下來，連續好幾天都是如此。某天，他突然不需要扶任何東西就跨出第一步，開始慢慢學走路。我們全家等這一刻等好久，開心地為他熱烈鼓掌歡呼，他似乎也覺得自己很厲害，也跟著一起拍手笑了起來。

那樣子實在太可愛了，我忍不住想上前抱抱他，卻被他一把推開，眼神彷彿在告訴我：他還想繼續走不要來妨礙他。就這樣練習了一段時間，有時候走路不穩不小心跌坐在地，他會舉起自己的小腳丫看一看，然後又重新搖搖晃晃地站起來，走沒幾步路又跌倒，跌倒後再爬起來，不斷地練習再練習。

都說稱讚能讓鯨魚跳舞，但如果那隻鯨魚原本就喜歡跳舞，難道沒有人稱讚，牠就不跳舞了嗎？

雖然孩子被稱讚會更有動力學走路，但對孩子來說，他們學走路是因為覺得走路很好玩，所以才會想學走路。當我在復職與辭職中猶豫掙扎時，最終還是選擇重返職場，是因為心裡其實還是想工作的。但我之所以想工作，腦海裡浮現的並不是想被肯定或是渴望升遷；而是希望能夠學以致用，將自己過去所學到的東西運用在工作上，讓自己獲得成長。

「哇！居然連這種事也辦得到？真是太佩服我自己了！」

在心裡對自己的表現感到驕傲。

獲得肯定和締造佳績固然重要，但比起最終的結果，我更享受的是中間的過程。比起別人的掌聲，我更喜歡為自己喝采時的那種滿足感，藉此重新找回工作的樂趣。

莫忘工作的初衷

職業婦女和一般員工不同，一般員工都希望自己哪天可以不用再上班，但對職業婦女來說，她們的煩惱並不是「不想上班」，而是「到底該不該繼續工作？」

她們在家庭和職場中掙扎著，尤其是當孩子發高燒，卻沒人可以幫忙照顧，特休假也早已用完時；或是下班後急忙趕去幼稚園接孩子下課，卻看到偌大的教室裡只剩下孩子自己一個人時；又或者是每到週末假日早上，一睜開眼看到孩子躲進懷裡撒嬌說「好希望媽媽不要去上班，可以一直陪我喔」時，心裡總會一次又一次反覆糾結著，到底該不該辭掉工作……

就算好不容易下定決心要回職場工作，身邊的人又會問：「孩子還這麼小，不是應該自己帶才對嗎？回公司上班真的可以嗎？」

臉書營運長雪柔．桑德伯格（Sheryl Sandberg）曾把男性和女性的職場生涯跑道，比喻成是一場「馬拉松」。選手們不分男女，為了這場馬拉松大賽卯足了勁，累積各種賽前訓練的經驗，希望能一舉奪得勝利。接著，男女選手們站在起跑線上，等待哨音響起後，他們開始在各自的跑道上奮力衝刺。

然而，有趣的事情發生了。大部分的觀眾們會對著男性選手們大喊：「加油！堅持下去啊！」不斷地督促男性選手們繼續前進；但女性選手們耳邊聽到的卻又是截然不同的聲音，她們聽到的往往是：「嘿！省省吧！沒必要這麼努力吧？」

雖然大部分的時候，她們可以不去理會這些觀眾們的聲音，不過如果連她們自己都開始對自己產生懷疑時，又或者是當她們奮力往前衝刺，換來的卻是旁人一句：「夠了吧？可以了吧？」也會瞬間失去繼續前進的動力。倘若不想要被這些閒言閒語打倒，自己內在的信念必須要更強大、更堅定才行。

很多人一聽到「媽媽」把孩子交給別人照顧，而選擇去上班時，就會問：「薪水很高嗎？」、「是有那麼喜歡工作嗎？」、「在公司是擔任高階職位嗎？」

然而，事實上即使賺的薪水不高、沒有那麼喜歡工作、在公司也不是擔任重要高階職位，「媽媽」也不應該因為「媽媽」的身分，對「工作」這件事就必須要有「冠冕堂皇」的理由。只要自己心裡明白「我究竟是為了什麼工作」就好。當清楚這點時，才不會在遇到一些「天人交戰」的關鍵時刻，又在心裡反覆糾結著「到底該不該辭職」，而是會開始去思考「該如何解決眼前的問題」。

我經常會針對「職業媽媽」們舉辦一些相關課程講座，雖然我是站在台上講課的講師，但事實上我跟這些媽媽們並沒有什麼不同，只是以過來人的身分，跟她們分享我的經驗，並給她們一些建議，彼此互相交流。不過畢竟是講課，在課堂上我還是會傳授一些理念給她們。

當我還是「菜鳥」講師時，我曾問台下的職業媽媽們：「為什麼要工作？」我心裡預設的答案不外乎是：「為了賺錢」、「覺得就這麼辭職很可惜」、「喜歡工作」、「認為自己的個性不適合在家裡帶孩子」……等各式各樣的理由。我之所以想問這個問題，是希望藉由問這個問題，幫助這些媽媽們找回自己工作的初衷。

然而，出乎我意料之外，她們的回答卻是：「我是為了賺錢，但是……」、「我覺得就這麼辭職很可惜，但是……」

很顯然的，她們並沒有忘記自己工作的初衷，但光憑初衷卻不足以支撐自己繼續前進。想想我似乎也是這樣，雖然一開始是基於經濟考量，才決定重返職場工作，但這個動力卻不夠充足，心裡才會不斷動搖。雖然是因為想工作才又復職，但遇到蠟燭兩頭燒的狀況時，又會對工作這件事萌生退意。

每當這時候，我會回過頭來思考：「什麼是我真正想從工作中獲得的？」「工作對我、對我的人生、甚至對我的家人們，有什麼意義與價值？」

首先，最實際也是最重要的，去上班就多了一份薪水，可以稍微緩解經濟壓力。雖然以我們家來說，並不是因為兩個人工作，收入就多了兩倍，因為「雙薪家庭」也有所謂的「雙薪家庭費用」，扣除這些支出後，所剩其實不多，但的確會比老公一個人上班，稍微來得要寬裕些。

當經濟壓力減少，心理上的負擔也會跟著減少。不管賺多賺少，靠自己的力量賺錢，某種程度上也會對自己產生自信。

靠自己賺的錢買咖啡，喝起來都覺得特別香醇，也會感受到自己是社會的一分子，有社會參與感，內心因此踏實許多。

還有全心全意投入工作時的專注感也很令人嚮往，比起最後獲得的成就和結果，工作過程中那種全神貫注、熱血沸騰的感受更令人感到興奮。即使臉上滿是倦容，但談起工作時，眼神卻是閃閃發亮。

最近講課時，我不再詢問媽媽們：「為什麼要工作？」而是改問她們：「喜歡工作的哪些地方？」

什麼答案都可以，喜歡每個月看到帳戶有錢匯進來、喜歡午餐時可以和同事們一邊吃飯一邊聊八卦、喜歡工作時可以喝杯咖啡忙裡偷閒一下，還是工作後不用再看老公臉色、可以隨心所欲給娘家父母「孝親費」……去想想工作有哪些好處？哪些可以讓自己感到快樂滿足？這樣就夠了。

某天，我因為工作、家庭蠟燭兩頭燒，又在心裡掙扎著到底該不該辭掉工作？於是向同樣是過來人的學姐發牢騷：「這樣的日子到底什麼時候才會結束啊？」孩子已經上國中的學姐，淡定地回了我一句：「不會結束的，工作本來就是這樣啊！」

是啊！只要工作就一定會有心生動搖、猶豫不決的時候，當為了工作感到迷惘時，好好思考到底為什麼要工作？重新去檢視那些透過工作獲得的事物，再次堅定自己的信念才是最重要的。

正如同《活出意義來》（*Man's Search for Meaning*）的作者——維克多・弗蘭克（Viktor

Frankl）所說：「人之所以覺得生活痛苦，不是環境因素所造成，而是因為失去了生命的意義和目的，才會感到痛苦。」

追求升遷不是工作的全部

在第二次重返職場，頭一次遇到公司績效考核時。公司內部網站發布了一項公告：「即日起，登入帳密後即可確認個人績效考核結果。」雖然很想知道自己的考核結果，但我最終還是沒有勇氣登入確認。

姑且先不管復職後這六個月以來，我的工作表現如何，我也對在系統上分五等級讓同事互評的結果感到好奇。我心裡一直在想：「我到底是哪種等級？」

我自認在工作時，已經盡了最大的努力。雖然因為要照顧小孩，每天必須準時下班，但為了能夠準時打卡下班，我在上班時的工作效率很高，有時甚至還會犧牲午休時間，把該處理的事情處理好。假如工作真的做不完，也會把工作帶回家，等哄睡完孩子後，再爬起來坐在電腦前「自發性加班」到半夜。

但問題在於考核有著員工互評，在互評時腦海中會忍不住想起部門裡每一個同事——像是每天晚上加班到很晚，幾乎三餐都在公司解決的後輩同事；還有擔心工作出狀況，週末假日甚至取消自己的行程，特地跑來公司加班的主管……跟他們比起來，我似乎還差得很遠，很難贏過他們拿到更高的評等。但如果因為這樣而拿到評等差的考績，心裡也會覺得很難過委屈，因此才不敢上網查看考核結果。

雖然很想裝作若無其事地告訴自己：「下次再努力就好！」但也心知肚明下次不一定能獲得更好的考績，因為如果想拿到更好的考績，就必須要更賣力工作。但對我來說，問題並不在於「是否想投入更多心力在工作上」，而是「有沒有自信能再投入更多心力」。

因為我已經竭盡所能全力以赴了。

拚命努力工作，獲得更好的考績，這當然是一件很有成就感的事。考績分數越高，對往後的升遷也比較有利。那麼，順利升遷之後呢？就接著再繼續努力追求更高層級的職位升遷。如果職涯目標是管理階層，就必須不斷努力爭取升遷機會，一層一層往上爬。但我的目標並不是當上管理階層，就不必執著於權位之爭。

一般來說，職場上的成長可以歸分成兩種，一種是垂直式整合成長，一種是水平式擴張成長。如果說升遷是屬於垂直式成長，那麼，累積專業知識就屬於水平式成長。

「一個人究竟可以工作到幾歲？不管你的答案是五十五歲也好、六十歲也好，試著把那個數字減掉目前的年紀，如果相減後的數字小於十五，就好好待在目前的工作崗位上，盡自己最大的努力做到最好……（中略）那如果相減後的數字大於十五呢？建議最好在未來工作這段期間內，打造出一份屬於自己的職業。」

這是企業顧問管理公司的負責人——金浩，在專欄裡寫過的話。

在沒有勇氣上網確認個人考績評等的那天，無意中讀到了這段話，便按照文章內容裡所說的試算了一下。以我們公司來說，滿六十歲就可以申請退休，當時我正好三十四歲，「60-34=26」算出來的結果比十五還多出了十一，也就是說在未來工作的這段期間裡，我必須努力開創出屬於自己的職業。

原本看到這段話時，心想：「工作跟職業不是一樣嗎？這到底是哪門子的鬼話啊？」但後來才理解，他所說的職業，並不是指在公司上班所從事的工作，而是指個人在工作領域上累積的專業技能，也就是即使將來哪天離開公司了，自己也能靠這項專業技能賺錢。擁有謀生的技能，這才是他對職業的真正定義。

但如果你看到這段話心裡也認為：「有差嗎？還不都一樣？還是乖乖認真上班比較實

在。」就代表你很有可能還沒有找到屬於自己的職業。

坦白說，我之所以會害怕被公司解僱，並不光只是因為收入來源中斷的徬徨無助感，內心深處其實是擔心離開公司後，不知道自己還能靠什麼賺錢？工作邁入第十四個年頭的我，如果現在離開公司了，我還能再找到工作嗎？冷靜思考後，答案竟然是：「不大清楚。」

看來，我雖然有工作，卻沒有一份屬於自己的職業，這點是我無法否認的。除了金浩代表提出這項有關職業的論點外，許多專家也針對此提出了其他類似的見解。

專家們建議不要太在意目前工作的考績狀況，也不必為了升遷在職場上拚個你死我活，認為應該要把重心放在規劃退休以後的生活。工作並不是為了和同事一較高下，而是為了找到值得自己奉獻一生的「志業」。

現在大多數的公司不再保證員工進公司後可以一路做到退休，這已經是眾所皆知的事。今年剛滿五十歲的部長，就曾經語重心長地對我們說：「每天上班搭地鐵時，我都會刻意看一下身邊和我年紀差不多的人，因為不知道哪天可能就遇不到他們了。」

雖然目前法定退休年齡是六十歲，但一般上班族實際上所感受到的退休年齡約為五十歲出頭，尤其是女性上班族所感受到的退休年齡更早，大約四十多歲左右。

二十歲出頭剛踏入職場忙著找工作，到了三十歲後就要努力尋找屬於自己的職業。如果能在二十多歲時找到工作，也同時確立自己的職場定位，是再理想不過了。倘若尚未找到自己的職場定位，也最好別再拖延了。一味地追求升遷，為了爬到更高的位置而努力工作，只是一種權宜之計而已。以長遠來看，要努力加強提升自己的專業技能，才是真正的長久之策。

有段時間，我很羨慕那些下班後還有時間可以精進自我的上班族，覺得他們「未免也太好命了」。心想等孩子再大一點，也希望能跟他們一樣，透過學習不斷充實自己，去做真正想做的事。

然而，雖然總覺得時間過得很快，但還是跟以前一樣認為孩子還太小，時候未到。不過，如果老是像這樣認為非得要等孩子長大後，才有辦法撥出額外的時間充實自己，加強提升自己的能力，到最後可能一輩子都做不到。

因為等孩子真的都大了，自己也早已步入五十歲了。如果希望自己將來哪天被公司解雇了，能夠很帥氣地轉身離開說再見，從此時此刻起，就必須努力找到「屬於自己的職業」。

如何找到自己熱愛的工作？

企業顧問泰勒．皮爾遜（Taylor Pearson）曾在《就業的終結》（*THE END OF JOBS*）這本書中提到，如果一個人不知道自己想做什麼工作，會容易羨慕別人的工作，或是乖乖依照別人的指示去做。於是，我在心裡問自己：「我想要做什麼工作？」結果卻回答不大出來。

雖然會覺得都已經到這個歲數了，還不知道到底想要做什麼是件丟臉的事，但其實大可不必。事實上，大多數的人都不清楚自己心裡想要的究竟是什麼，詢問五個人同樣的問題，平均就有四個人回答「不知道」。因此，假如想釐清自己想要做什麼樣的工作，從現在開始找答案也不算太晚。即使還是找不到答案，透過這個問題，至少也能知道自己「不」想要什麼。

先試著在心裡問自己到底喜歡什麼樣的工作？任何答案都可以，不一定要跟過去的工作經驗有關，但也不必刻意把過去的履歷排除在外。不過，如果未來想要從事的職業，跟過去的工作經驗相關，起步時會稍微比別人贏一些。因此，先檢視自己過去的工作經驗，去找找看當中是否有自己喜歡做的工作，也是一種方法。

某位朋友曾建議我寫下一份「屬於自己的履歷」。方法很簡單，把出社會後第一份工作到目前為止做過的工作一一羅列出來，包括這段時間曾待過哪些部門、負責哪些工作項目……通通寫下來。重點不在於職稱或頭銜，而是在於累積了哪些工作經驗。

寫完後再逐一檢視，把過去自己喜歡做的工作，以及過去在職場上曾創下佳績的部分圈起來，因為「想要做的工作」其實就是「未來想繼續做的事」，因此把希望能夠提升自己能力、想要累積更多實務經驗的部分也圈起來。

像這樣撰寫「屬於自己的履歷」有兩個好處。

第一個好處是：從這份履歷中可以看得出來自己偏好哪一類型的工作。

二〇〇四年我進入東亞日報報社擔任資料蒐集員的工作，雖然當時早已進入網路時代，但那時候網路即時新聞並不像現在那麼盛行，會在網路上看新聞的人不多。因此，每天必須準時發行的報紙，在當時算是快速又準確的重要資訊傳播媒介。

我在報社除了負責蒐集資訊之外，也會指導還在使用「OR」、「AND」布林運算法搜尋資料的人一些新的演算法。隨著工作年資的累積，工作項目也跟著逐漸增加，工作內容也有些變動調整。有時候需要負責研究新聞媒體產業整體概況，也需要協助進行資料分析，甚至還需要負責新聞取材。

從進公司後我就一直在做蒐集資料這件事，對我來說，這是我最熟悉也是最擅長的工作。雖然找資料很麻煩，但很喜歡像這樣能夠找到「正確答案」的工作，很適合我這種凡事喜歡追根究柢的個性。然而，寫新聞稿就沒這麼容易了，每次寫稿時都會花很多心思。新聞報導的目的是講究傳達事實，但在寫新聞稿時，某種程度上其實會有一些個人的主觀意識在裡面。

身為新聞工作者的使命感使然，會希望透過文字如實地陳述客觀事實。有時候跑新聞採訪到某些人，聽完他們說的話，理解他們想傳達的理念後，再把採訪內容整理成文字稿傳達給大眾時，內心也會感到澎湃激昂。

仔細思考後，我發現自己雖然擅長蒐集資料，但未來還想繼續做的事情卻是寫稿，在這份履歷中，意外發現自己喜歡「寫作」這件事。雖然寫稿是因為工作需要，但如果將來哪天離職了，還是會想要繼續寫一些東西。

找到自己「喜歡做的事情」後，未來這十年內就必須要累積更多實務經驗，提升自己這項專業技能。認知心理學家們曾說過，一個人想要在某個領域上達到巔峰，至少需要十年時間的努力，正是類似的概念。因此，兩年前我便開始積極嘗試寫作，並不完全是想寫才寫，更正確地來說，是因為覺得寫作很可能會是我「這輩子想一直做下去的事」也說不定。雖然也有可能做了之後才發現不是，但還是開始嘗試去做。

史丹佛設計學院知名的生涯規劃課程，是由比爾．柏奈特（Bill Burnet）和戴夫．埃文斯（Dave Evans）兩位教授所設計，他們讓學生透過設計思考方式，去設計出大學畢業後的人生藍圖。因為大多數的人都不知道自己喜歡什麼、將來想要做什麼？但這兩位教授卻認為只有真正開始嘗試去做了之後，才會知道自己喜歡什麼，才會對這件事產生熱情。

他們主張並不是一開始就會對某件事有「熱情」，而是做了之後才會有「熱情」。因此，如果想要找到自己真正喜歡有興趣的事情，就必須先開始嘗試去做，做了才知道結果。

他們之所以認為要找到自己真正熱愛的事情，必須先試著去做，還有另一項原因。當他們問學生：「你們認為有意義的生活方式有哪幾種？」學生們平均會回答出三到四個選項。因此，與其想盡辦法去找出真正最想做的事，倒不如先開放各種可能性多方嘗試，再從中去找到自己的熱情所在。

再來，撰寫屬於自己的履歷的第二個好處是：可以幫助自己找到工作的方向。

在公司裡，我做的工作還是跟以前一樣，寫稿、蒐集資料、還有觀察相關產業領域變動。但因為知道「寫作」是我這輩子一直想繼續做下去的事，因此會主動積極去爭取寫稿相關工作，只要是舉手自願就可以爭取到的機會，絕不輕易錯過。

如果工作的目的只是單純為了升遷或是拿到更好的考績，很容易就會把重心放在「得心應手」的工作上；但如果把工作當成是找到「興趣」的過程，就會比較注重各種經驗的累積。雖然也可能會擔心這樣會不會離升遷越來越遠，但其實不見得。因為做自己喜歡做的工作時，學習速度很快，同時也會累積許多成果。不刻意追求升遷，放寬心順其自然，反而更有助於升遷。

找到工作方向後，看待升遷的心情也會變得不一樣。和過去工作表現好被稱讚時暗自竊喜的心情不同，會認為升遷是一種突破自我的成就感。假如把升遷比喻成是一種一步一步慢慢往上爬的成長過程，那麼找到自己熱愛的工作就是往下扎根的過程；如果升遷是最終甜美的果實，那麼找到自己熱愛的工作就是讓果實成熟的過程。

享受工作中「無限遊戲」的樂趣

美國紐約大學宗教歷史系教授——詹姆斯．卡斯（James Carse）他把人生劃分成兩種類型的「遊戲」：「有限遊戲」（Finite Game）和「無限遊戲」（Infinite Game）。

在有限的遊戲中，會有所謂的贏家和輸家，也會界定明確的開始和結束，其目的在於贏得勝利。因此，人們會為這場遊戲設定目標和贏的方法，努力在遊戲中獲得勝利，例如運動比賽、商場競爭都屬於有限遊戲。無限遊戲則相反，在無限遊戲裡沒有贏家也沒有輸家；沒有起點，也沒有終點。無限遊戲是一場與輸贏無關的賽局，其目的在於讓遊戲可以永遠進行下去。

職場是一場有限遊戲賽。在職場中，有些人升遷總是扶搖直上，有些人升遷卻遙遙無期；有些人順利當上主管，有些人卻被迫降職，這是一場勝負分明的比賽。

在這場有限遊戲中，所有參賽者為了獲得勝利卯足全力，彼此廝殺競爭，而我也不例外。在工作上，我也一樣總想贏過別人，汲汲營營追求工作上更大的成就，希望獲得別人肯定，幾乎每天都加班忙到很晚。

但當媽後，一切就變得不一樣了。休完產假後接著休育嬰假，履歷上開始出現空窗期；重返職場後，為了兼顧家庭無法像以前一樣時常加班，每天都只能準時下班閃人，身上開始被貼上「工作不認真」的標籤。再加上孩子動不動就生病，常常需要臨時請假，總是得拜託別人幫忙處理工作，心裡也會隱約感到不安。在這場有限的遊戲中，我就好像一直不斷被發「黃牌」警告。

似乎可以預見這場遊戲的結局，在這場比賽中，我注定是輸家，但又不想讓自己輸得遍體鱗傷。每當全力以赴後結果卻不如預期，總會在心裡安慰自己：「算了啦！我都已經盡力了！」默默暗自決定退出這場遊戲，但一想到要退出卻又覺得心有不甘。難道只因為我是職業媽媽，在職場中就注定是輸家嗎？心裡越想越不服氣。

根據二〇一七年統計處公布的「職場性別平等指標」，家中育有六歲以下的孩子的女性，平均十個人中就有四位是職業婦女。在未來，生完小孩後重返職場工作的女性會越來越多，那是否意謂著兼顧工作和家庭的我們，在職場中只能是輸家？

然而，如果職場不再是有限遊戲，而是一場無限遊戲，情況可能就又不大一樣了。當工作的目的不再是為了升遷，遊戲規則不再是非贏則輸，而是讓遊戲可以一直持續進行下去的話，結果又會如何呢？大家就不會再為了同一條終點線拚個你死我活，而是會朝各自的目標努力前進。

誠如前面所提到的，升遷並不是工作的全部。過去總認為升遷才是一種肯定自我能力的方式，但那其實是一種錯誤的想法，並不是獲得升遷機會的人就是職場上真正的贏家。

就像學生時期的我們，拚命用功讀書，為的就是將來能夠考上一間好學校。後來那些成功擠進名校窄門的人，在當下看起來似乎贏了這場比賽，但就算真的進入了名校，他們也一樣會遇到徬徨挫折；而那些沒考上好大學，看起來是輸家的人，卻因為發現這條路不適合自己，另謀出路反而過得更幸福的人也不在少數。大學聯考只是為了同一個目標分出勝負的有限遊戲，但在這場比賽裡，輸不見得是輸，贏也不見得是贏。

因此，職場上的勝利也需要重新定義。並不是以升遷為目標，拚命往上爬到更高的位置，才是所謂的職場勝利組；而是即使哪天離開公司後，也能坦然微笑著說：「謝謝這份工作為我帶來幸福，相信未來我也一定可以一樣這麼幸福的。」

「都不知道這段時間我是怎麼熬過來的？」

但假如一離開公司後，就急著一吐心中對工作的滿腔怨念，即使原本職位再高，出了公司這扇門都是輸家。

如果想要改變職場上對成功的標準，必須先從職場文化開始改變。並不是說有限遊戲的方式不對，因為也不可能真的把職場變成一場無限遊戲，永無止盡地繼續玩下去。就像卡斯所說的，職場其實同時兼具了有限遊戲和無限遊戲的屬性，在這場有限遊戲中，有時也要試著以無限遊戲的角度去看待。

現今職場對於有育兒需求的「媽媽員工」們，總是帶有歧視眼光，認為職業婦女很可能哪天就辭職不幹回家帶小孩去了，覺得她們就像一顆職場上的「不定時炸彈」。因此，總會裹著「體貼」糖衣，表面上說是怕職業媽媽太累太辛苦，但實際上是不敢把公司重要任務交給她們，開始「排擠」媽媽員工們。要扭轉這樣的局面，讓職業媽媽們不再被排除在公司要職之外，就必須思考要如何改善不友善的就業環境。

首先，職業媽媽自己必須先找到兼顧家庭與工作的方法。一味為了工作犧牲掉生活品質，會讓家庭關係慢慢出現問題，光處理家裡的問題就忙得焦頭爛額，到頭來反而無法專心工作。

因此，為了照顧家庭準時下班接孩子並沒有不對，努力在工作與家庭中取得平衡，職業媽媽才有動力一直繼續走下去。

勞動經濟學期刊曾發表了一篇論文，論文內容主要說明當員工快樂幸福時，工作效率提升將近百分之十二左右。正所謂「修身齊家治國平天下」，以修身為本先把自己的事做好，照顧好自己的家庭，最後才能治國平天下。這句話無論是過去還是現在，都是亙古不變的真理。

提到這裡，可能有些人會覺得：「光靠我一個人有什麼用？」但換個角度想：「如果連我都不願意改變，那大環境怎麼可能會改變？」、「如果不從自己開始改變，怎能期待結果會有所不同？」

因此，我決定先從自己開始改變。

坦然去面對職場有限遊戲的競爭，但同時也開始啟動無限遊戲的思考模式。對我來說，工作不再是咬緊牙根拚命努力，一碰到瓶頸卡關就想退出的「有限遊戲」，而是一場可以讓我終生學習成長的「無限遊戲」。

我決定讓這場遊戲走得更久更遠，放下過去總想迎頭趕上別人的想法，不再因為追不上別人就老是想喊卡放棄，想依照「自己的速度」一步一腳印繼續走下去。不再去想該如何從這場遊戲中全身而退，而是想辦法讓遊戲能夠持續進行下去。

我並沒有打算放下升遷慾望，相反的，反而更想獲得升遷機會。不過不一樣的是，我不再像過去汲汲營營於追求升遷，而是希望現在的我所呈現出來的樣子，就能被接納肯定。

不再為了追求更高的職位拚命工作，犧牲掉家庭生活和自己的人生，而是希望能在兼顧家庭與工作的同時，也能獲得升遷。我相信以這樣的心態去面對未來的工作，一定能突破自我、超越自己！

媽媽的成長筆記 2

Q：我為什麼要工作？

Q：我為什麼想工作？

Q：假如辭掉工作，我最害怕的是什麼？

Q：工作時，什麼時候會讓我覺得很有成就感？

Q：我喜歡工作的哪些地方？

Q：我想培養哪些專業技能？

Q：如果辭職後，我想做什麼？

Q：試著找出能以自己的速度進行的無限遊戲。

第三章

成長的第三門功課　自我

遇見更好的自己

一直以來，我的生活沒什麼太大的煩惱。當學生時，是個用功讀書的模範生；聽人家說讀名校比較好，拚命努力擠進名校窄門，也如願考上了理想中的好學校。進入大學後，接著開始替未來的職涯規劃鋪路，認真地把該修的學分修好修滿，考了一堆「也不知道到底有沒有用」的證照。

看到身旁的同學都休學一年去學英文，說是英文能力好比較容易找到工作，於是在大三時「跟風」休學了一年花時間把英文學好，也順利在大學畢業前找到工作。工作了一段時間後，聽人家說「女人最好在三十歲前把自己嫁掉」，在三十歲那年冬天，步入婚姻；翌年，懷孕生小孩。

等到懷孕肚子慢慢變大後，身旁的親友紛紛開始關心：「孩子之後打算給誰帶？」時代不同了，現在的女性不再像過去一樣，結了婚生完小孩後就辭職在家當家庭主婦。

「書讀那麼高，辭職在家帶小孩多可惜啊！」

就連娘家媽媽也是強力支持我回公司上班，雖然心裡放不下才剛學會走路的孩子，但看到身邊的同事朋友也都是職業婦女居多，猶豫了很久還是決定重返職場上班。

我的人生可以稱得上是所謂的標準「模範人生」，像這樣當個模範生似乎也沒什麼不好。至少在別人眼裡看來，這樣的人生可以說是「零錯誤」的人生。雖然也常常會在心裡懷疑：「這樣的人生真的是我想要的嗎？」卻又不斷安慰自己：「人生本來就是這樣，別人不也都是這樣走過來的嗎？」

生完老二後，我曾試著想像自己十年後的樣子。十年後的我，會怎麼樣？就像學生時期的我，會想像自己讀大學的樣子；讀大學時，會想像自己成為粉領上班族的樣子；有了工作後，會想像自己在職場上順利升遷、平步青雲的樣子；結了婚後，會想像自己生完孩子、為人母的樣子。

雖然無法預測未來究竟如何，但前方似乎總有一條既定的道路在等著我，只要順著這條路一直走下去，就能擁有「HAPPY ENDING」的完美人生。至少，我是這麼相信的。

但在生完兩個孩子當了媽後，這是我有生以來第一次對未來感到一片茫然，彷彿迷失了方向，不知道自己的未來在哪裡？

「我到底想要過什麼樣的人生？」

這個問題在我心裡並沒有明確的答案。是要像娘家媽媽一樣努力當個好媽媽，一輩子為子女犧牲奉獻？還是像公司裡的某位女主管一樣拚命認真工作，但卻為了孩子畫的全家福裡沒有媽媽而感到失落難過？不！這兩種人生都不是我想要的。

我突然想起懷孕時學姐跟我說的一段話，其實我和這個學姐的交情僅止於辦公室的點頭之交而已，某天剛好在公司洗手間裡碰到她，她看著我隆起的肚子，忽然有感而發地對我說：「當了媽後，有時候妳可能會覺得失去了自己；當妳覺得迷失了人生方向時，要記得，永遠不要忘了要為自己而活！」

每個人一生中都會遇到所謂的「轉捩點」（Turning Point），學姐那天的一席話，對我來說是人生中很重要的「轉捩點」。回頭看過去的我，生活的重心並不是以自己為主，只想扮演好每一個「角色」。無論是學生時期的我、身為上班族的我、還是當媽之後的我，都只是想盡好自己應盡的本分，全力扮演好每一個角色，總是把「應該」要做的事情擺在第一順位，忘了要為自己而活。

學姐的這番話影響我很深，我開始試著把生活的重心回歸到自己身上，比起「應該」要做的事情，會先認真思考自己內心真正「想要」做的事情是什麼？也因為這樣，讓我重新看見了「角色」底下的那個真實的「我」，而不是扮演各種「角色」的「我」。

一個人如果想擁有幸福的人生，就必須拿回人生的主導權，由自己決定自己的人生，把自己當成生活的重心，為自己而活。從那天起，我不再執著於完美的角色扮演，決定要活出屬於自己的人生。

美國知名專欄作家大衛．布魯克斯（David Brooks）在《品格：履歷表與追悼文的抉擇》（*The Road to Character*）一書中曾提到，如果想讓自己成為更好的人，必須要經歷過內心千錘百鍊的考驗。他同時也提到如果不想虛度此生，就必須去思考人生到底是要為了輝煌的履歷而活？還是要為悼文中的美德而活？

他所謂的「履歷」指的是外在世界的成功，追求的是撰寫出亮麗的人生履歷表；相反的，「悼文」指的是一個人內心世界最底層的核心價值，深入去探討自己到底是什麼樣的人？這輩子希望過什麼樣的人生？「履歷」是以成就征服世界，「悼文」是以美德感動別人。

過去的我，總是為了追求輝煌的履歷而活；但現在的我，決定為了悼文中的美德而活。因此，必須要放下角色扮演的包袱，不再把自己侷限在「媽媽」、「員工」、「妻子」這些角色，而是把自己當成是一個完整的人看待，全然地為自己而活！

我想成為什麼樣的人？

猶記得剛進公司第一天，主管請所有同期的新同事們一起吃午餐，吃到一半時，他突然開口問道：「十年後的你們，希望自己站在講台上講什麼課？」

因為是輩分很高的主管提問的問題，不回答好像說不過去。然而，我其實並不知道該如何回答才好，其他同期的同事們似乎也跟我一樣，於是大家面面相覷，一副欲言又止的樣子。

後來，主管對大家訓勉了一番，他告訴我們：「現在的你們，就好像是站在一個圓的中心點，從此刻起，你們跨出去的每一步路，都攸關著自己的人生會走向哪裡？雖然現在每個人都站在同一個起點上，但隨著目標不同、方向不同，創造出來的結果也會不同。要記得，現在所走的每一步路、所做的每一個決定，都決定著你們十年後的未來！」

主管要我們試著在心裡想像一下扇形的樣子。當位於扇形中心點時，不管往哪個方向移動，感覺似乎都一樣，不會有太大的差別；但當決定好方向後，從中心點開始往外延伸，就會形成各種不同角度的圓心角。

主管之所以會樣問，並不是要我們努力成為將來可以上台授課的講師，而是要我們先在心中規劃好明確的目標。出社會後每個人都在為了生活努力奮鬥，重點不是在於有多努力？而是在開始努力前，是否已經決定好未來要朝哪個方向前進？

直到後來，我才終於明白主管當時問這句話的用意。十年後如果想上台講課，在講課前，必須先擬定好授課主題和演講內容，也勢必得先累積某種特定領域的專業知識，努力讓自己成為那個領域中的專家才行。他這麼說，是希望我們能先規劃好未來的職涯方向，才不會工作到最後覺得自己似乎白忙一場。

主管的一席話，對我來說猶如醍醐灌頂。他的這番話其實不只適用於工作上，套用在生活中也著實令我受益匪淺。如果不想在職場上走冤枉路，就必須先決定好職涯方向；選定好方向後，開始在特定領域中努力累積專業知識。

生活亦是如此，如果不希望自己的人生到頭來只是虛晃一遭，就必須先想好自己到底想擁有什麼樣的人生？有了明確的人生目標後，才會找到努力的方向。

坦白說，設定明確的人生目標這類的話，早已是老生常談。坊間無數心理勵志類書籍、備受景仰的歷史名人們都曾經說過類似這樣的話。每個人都知道應該要設定好明確的人生目標，但事實上要找到明確的人生目標並不容易，因為每個人心裡想要的都不一樣，沒有一套絕對的標準答案。

有人說，要先靜下心來聆聽自己內在的聲音，讓這些聲音引領你，帶著你找到人生的目標。但當我試著練習傾聽自己的內心時，心裡卻冒出了各種不同的聲音，反而更無所適從，不知道該如何是好。針對這個問題，哈佛大學商學院教授克里斯汀生（Christensen）提出了實用的建議，他把找到人生目標的方法拆解成具體三大步驟。

首先，第一步是想好「我想要成為什麼樣的人」。

當人生盡頭走到盡頭時，我希望自己是什麼樣的人？但這裡指的並不只是去描繪出最終理想中的自己，而是在每一個人生的重要階段，設下階段性的小目標，然後盡全力去完成它。這麼做是為了能夠適時地調整修正方向，透過小目標的設定，不斷去思考自己到底希望活出什麼樣的人生？我會是什麼樣的我？

有了孩子後，我越來越清楚自己想成為什麼樣的人。我時常在想：「假如將來哪天我離開人世了，當孩子想起我時，我希望他們記憶中的我是什麼樣的我？」我希望孩子將來長大為人父母後，當他們也跟我一樣對未來感到迷惘，不知道這樣的生活是不是自己想要的時候，他們想起我時，能夠這麼說：「媽媽應該也是這樣走過來的吧？不過她看起來很幸福呢！」

我希望他們記憶中的我是幸福的，當他們想起我時，我會是他們心靈的避風港。

第二步是「全心投入」。

如果不希望目標到最後只是淪為空想，就必須全力以赴想辦法努力完成。如果我希望孩子想起我時，是我幸福的樣子，那麼我就必須努力讓自己每天都過得幸福快樂。從每天發現生活中的小確幸開始，時時刻刻用心去感受那些細微近在眼前的愛與幸福，把讓自己變幸福的方法擺在人生的第一優先順位。

最後是「找到衡量的標準」。

必須要有一套衡量的標準，來檢測目標的達成狀況。有了明確的衡量標準後，才能夠隨時檢視自己是否走在實現目標的軌道上？每天晚上躺在床上睡覺前，在心裡問問自己今天過得快樂嗎？滿意就表示符合標準，但如果回答是否定的，就需要靜下心來好好自我檢視。

先描繪出自己心中想成為什麼樣的人，接著全心投入，並找到一套衡量標準隨時進行檢測。透過這樣的方式找到人生的目標，讓自己一步一腳印朝目標前進！

答案永遠只在自己身上

當孩子還是嬰兒不會講話，莫名其妙哭個不停時，總會忍不住在心裡吶喊：「拜託不要再哭了好不好？用說的！」但等到孩子真的開始學會說話時，又會覺得孩子不會講話時反而比較好帶。這些過來人媽媽們分享育兒經驗談，實在令我頗有感觸。因為我們家孩子到了三歲後，也開始進入了恐怖的「十萬個為什麼」時期。

「小雄，豆子要吃掉喔！」

「為什麼？」

「吃豆子才會長大呀！」

「為什麼？」

「因為豆子很營養啊！」

「為什麼？」

「……算了，你不要吃了！」

幾乎每一件事情都要打破砂鍋問到底。孩子問的這些問題，我其實從來沒想過為什麼，只是很理所當然地認為本來就應該如此，很難清楚地向孩子說明解釋，想破頭也找不到答案。但有時候也會很感謝孩子的發問。

「不要摸！」

「為什麼？」

「那是蟲子啊！」

「為什麼蟲子不能摸？」

是啊！為什麼蟲子不能摸？像潮蟲這類的小蟲子沒有毒，又不會咬人，而且一碰到牠，牠的身子就會整個蜷起來，就連身為大人的我看了都覺得很有趣。但之所以不希望孩子摸牠，是因為覺得蟲子很髒，碰了手會髒掉，衣服也會弄得髒兮兮的。孩子的提問，讓我有機會開始重新去思考「為什麼」背後的真實原因。

很多時候我只是單純地接受這些約定俗成的觀念而已，並不是真的認為本來就應該如此。仔細想想，那些一直以來以為是理所當然的事情，有時候並不一定是正確的。孩子的提問，讓我察覺到過去從來不曾注意到的地方，也開始會去質疑那些所謂理所當然的事情。

在百科全書中查詢「角色」這個名詞時，它是指個人在社會關係位置上的行為模式，規定一個人活動的特定範圍和與人的地位相對應的權利義務與行為規範，是社會對一個處於特定地位的人的行為期待。因此，當每個社會成員恪盡本分，盡心盡力扮演好自己的角色時，社會秩序便得以繼續維持。倘若有人脫離社會秩序時，會受到相對應的社會制裁。其中，輿論批判的聲浪和社會大眾怒視的眼光，也算是社會制裁的一種。

每天早上上班前，帶孩子去幼稚園上課時，我經常得面對所謂「輿論批判的聲浪」。在路上遇到不認識的陌生長輩，看到我正準備帶孩子去幼稚園，就會投以不諒解的目光，開始對我指指點點：「妳這樣的媽媽還算是媽媽嗎？到底薪水有多高？居然忍心把這麼小的孩子給別人帶，自己回公司上班……」

偶爾遇到親戚朋友，當他們看到我們家老二瘦巴巴的樣子時，也會開始你一言我一語地說：「我跟妳說，你們家孩子就是因為給別人帶，才會怎麼養都養不胖，看起來一副營養不良的樣子。」

但其實就算老大給別人帶、一樣養得白白胖胖的，他們還是會雞蛋裡挑骨頭。對某些觀念傳統的長輩來說，他們無法接受女人結婚生小孩後外出工作上班，認為女人本來就應該在家裡帶孩子才對。

重返職場上班後，我一直很擔心自己的工作表現不如別人。雖然自認已經盡力做好自己份內的工作，但看到同事總是表現得比我更出色，不安和焦慮也會跟著湧上心頭。再加上為了接送小孩每天必須準時下班，每次經過同事座位旁邊時，只敢心虛小小聲地說：「我先走囉！」而同事都還在努力工作，忙到根本沒空注意我說了什麼，更讓我感到自慚形穢。

每次聽到親戚長輩的閒言閒語，或是在工作上遇到挫折沮喪的時候，心裡總會感到很迷惘。

「我到底有沒有盡好我應盡的本分？」

每當像這樣對自己產生懷疑時，又會開始不斷地自我鞭策、督促自己。

「我應該要再更努力才行！」

然而，光靠努力並無法消除內心的不安，因為努力的方向根本大錯特錯。不該為了迎合別人的期待而努力，而是應該要閉上眼睛、關上耳朵，靜下心來聆聽自己內在的聲音，在心裡反覆問自己：「為什麼？」

為什麼只能在工作和孩子之間二選一?為什麼不可以一邊工作一邊帶小孩?媽媽就是媽媽,雖然無法時刻陪在孩子身邊,但愛孩子的心是一樣的,並不是二十四小時陪在孩子身邊照顧孩子的才算是媽媽。

為什麼準時下班就不是好員工?並不是一昧迎合公司加班文化,明明沒事做還硬撐著坐在辦公室和同事「大眼瞪小眼」才算是工作認真的好員工,評估員工的標準不該是工時長短,而是實質的工作能力才對,想試圖改變這樣的辦公室文化。第一次工業革命初期時,出現了「理想型工作者」(Ideal Worker)這個名詞,但現在都已經進入了第四次工業革命,也是該重新定義這個名詞的時候了。

生完老大後,在老大滿一歲三個月左右時,我就重返職場工作,到現在已經當了六年的職業婦女。還記得自己剛回公司上班時,心裡其實很徬徨,不確定這樣的生活還能維持多久?不知道自己下一步在哪裡?但最近卻覺得每天的生活很有意義,甚至會開始規劃自己十年後、二十年後的未來。

一部分可能也是因為孩子長大了,不再像以前一樣老是黏著媽媽不放,多出了很多自己的時間。然而，最大的原因，是因為我決定不再被那些傳統的觀念捆綁，不再從別人身上找答案，而是不斷問自己「為什麼」，試著從自己身上找答案。當心裡有了自己的答案時，就不會被周遭旁人的意見所影響；當沒那麼在意別人的閒言閒語時，說閒話的人自然也會減少。

不久前，在最新出版的百科全書裡，重新查詢「角色」這個名詞定義時，看到了這一段話：「有時候一個人可能同時扮演兩種以上的角色，這兩種角色也可能會有所衝突。因此，每個角色的定義應該由個人決定。」

現在的我，也是決定由自己來定義背負在身上的各種角色，不再是別人說了算！

將生活按下慢速鍵

我的一個朋友，她的孩子年紀大約三歲左右。剛認識她時，她才剛生完小孩回公司上班一個月，那時她的孩子才七個月大。身為過來人的我，不用問也知道一面上班一面帶小孩的生活有多累，回想起孩子在這個年紀時的辛酸血淚史，聊天時忍不住開口問她：「這樣的生活很累吧？」她笑笑地回答：「真的很累，但再苦再累都會熬過去的！」

幾天後的某個晚上，因為臨時有急事要找她，撥了通電話給她卻沒人接。心想她可能是忙著照顧孩子沒空接電話，於是傳了訊息留言給她。過沒多久，她回電給我，說她剛剛在上研究所夜間部的課，所以才沒接電話。

我一度懷疑自己是不是聽錯了？孩子都還沒滿一歲，才剛回公司上班沒多久，居然還有時間去上研究所夜間部的課？我簡直不敢相信，職業婦女的生活都已經夠累了，她竟然還能撥出時間去上課，實在是太令人佩服了！

「如果這份工作想做一輩子，就必須拿到更高的學位。其實原本就有計畫要考研究所了，只是一直找不到時間，本來想等生完第二胎之後再說，但覺得等孩子長大後再來做這些事就太晚了，所以一懷老大後，就決定先申請入學。」

她說她在懷孕期間就開始念研究所了，讀完一學期後先休學一陣子，等到回公司上班後，也一併提出了復學申請。

前陣子遇到她時，她告訴我她現在正在寫畢業論文。於是先跟她說了聲恭喜，祝福她早日把論文「生」出來。她聽完後笑著說：「謝謝妳！妳的祝福我收下了，很實際的祝福！」

根據統計廳調查統計顯示，韓國女性第一胎平均生育年齡為三十二點四歲（以二〇一六年的資料為準），我也是在這個年紀左右懷孕生小孩的。從懷孕的那一刻起，除了感受到初為人母的喜悅，亦伴隨著各種身體上的變化。每天不管怎麼睡都睡不飽，平常明明無肉不歡，但懷了孕之後一聞到肉的味道就想吐。

懷孕初期生理上的變化，像是在日常生活中按下了「暫停鍵」，因為生理因素受限，很多事情都只能先暫緩下來。等到懷孕後期不再孕吐，順利生下孩子後，這次換成在心裡按下了「暫停鍵」。當了媽之後，原本那個熱愛嘗試新鮮事物、總是積極接受各種挑戰機會的我，頓時消失無蹤。

養兒育女的過程中，總會發生許多無法預測的事情。像是孩子白天明明還活蹦亂跳的，到了半夜就突然發高燒，一燒就是四十幾度；明明上一秒還玩得好好的，下一秒就看到孩子摔得鼻青臉腫。類似像這樣的事情多得不計其數，當媽媽的得時時刻刻上緊發條，每天總有忙不完的事情，生活整個被填滿，時間變得很零碎，只能以「分」為單位切割時間。

萬一孩子突然發生狀況時，就會出現「骨牌效應」，日常生活中的所有事情都會連帶受到影響。哪怕是再小的事情，都有可能成為不定時炸彈，因此盡量希望避免改變。久了，個性就變得越來越保守，越來越不敢脫離安穩的舒適圈。連第一步都還沒跨出去，就先舉手投降說「我不行」，還沒開始就選擇放棄，擔心前路荊棘而望之卻步。

我亦是如此。當了媽之後總是會想很多，擔心這個害怕那個的，也因此錯過了很多機會。每當遇到機會來臨時，會先感到莫名擔憂，還沒試著想辦法解決，就先煩惱一堆有的沒的，反而覺得乾脆不要有機會比較好。所以當看到她孩子還這麼小就回公司上班，甚至還一邊念研究所，心裡由衷地佩服這樣的她。

光是決定要考研究所這件事，就不是件容易的決定，況且她還一路堅持到最後，實在需要非常強大的意志力。她告訴我，如果只看當下眼前的痛苦，很容易就選擇放棄，但她看的並不只是現在而已，而是更長遠的未來，那是支持她繼續走下去的動力。

面對高齡化時代的到來，她認為現在所做的一切是為了將來老後的生活做準備。因為當過了一定的年紀後，如果還想要繼續工作，學歷就變得很重要，因此才決定咬牙撐下去，努力拿到更高的文憑。雖然確實很辛苦，再加上孩子年紀還小，也的確很需要媽媽的照顧，但她選擇的不是放棄，而是調整速度。

「以長遠的角度來看，如果這件事勢在必行，就不應該輕易放棄或一再拖延，而是應該試著調整速度。」

意思是生活不應該按下「暫停鍵」，而是「慢速鍵」，就算慢一點也無妨。雖然她懷孕時就考上研究所，但生完孩子就先暫時休學一段時間；等到後來重返職場後，才又繼續回學校念書；在孩子特別黏媽的那段時間，又再次提出休學申請。一般人讀研究所四學期就可以畢業，但她卻念了七學期才順利拿到學位。

不是一，就是零。不是失去，就是擁有。人生中的選擇題，從來就不是只能二選一。從零到一之間，還有無數個小數點存在，也意謂著還有其他更多不同的選項。有時可能是零點一，有時可能是零點九，只要調整好速度，明確訂定人生目標的優先順序後，適時調整自己的步伐，生活一樣可以繼續前進！

不是先做緊急的事，而是重要的事

某位好友曾問我：「你知道父母過世時，在喪禮上哭得最慘的子女會是誰嗎？」

嗯……關於這個問題，我從未思考過。於是，在心裡試想了一下，我們三姐弟誰會哭得最慘？是動不動就跟媽媽吵架的大姐？還是到現在也一樣成天「媽媽～媽媽～」叫個不停，老是想黏著媽媽撒嬌的我？又或者是雖然年紀最小，但總是像家裡的長男一樣成熟可靠的小弟？我想，這個問題如果問我媽，她一定毫不猶豫地會回答是我，但朋友卻說不是。

「哭得最慘的人，其實是遺憾最深的人，後悔自己沒能好好陪伴父母。」

好友的母親十幾年前就過世了，當時她人正在美國工作，聽到母親突然病倒的消息後，連忙立刻訂機票飛奔回韓國，但等她回國後，母親卻已經去世了。

「原本想多賺點錢再來好好孝順她，決定去美國前，還跟她開玩笑說叫她等我飛黃騰達再讓她過好日子，從沒想過她會就這樣離開人世。」

好友說每次打電話回來，她媽媽都會問：「美國是什麼樣的地方啊？」很好奇自己的女兒在什麼樣的國家工作，平時也會特別關注和美國有關的國際新聞。她語帶哀傷地對我說：「如果當時有帶媽媽來美國玩，我可能還不會那麼難過。總以為還有很多時間可以等待，不斷地一拖再拖。當下定決心要去做某件事時，就要立刻採取行動，不要等到失去後才後悔莫及。」

多年來，我一直很想帶爸媽去旅行，但礙於工作忙碌，再加上孩子年紀還小，所以一直沒能成行。好友的一席話點醒了我，沒錯！想做的事情，如果沒有當下立刻去做，之後也還是會找藉口繼續推託，但誰又能保證，父母還能等我們多久呢？

因此，終於在去年如願以償地帶娘家爸媽去旅行，今年則是和公婆一起去旅行。除了費用很驚人之外，還要喬好彼此的時間，甚至還必須事先安排好旅遊計畫。帶全家人一起去旅行，實在不是件輕鬆的任務。但自從決定做這件事的那一刻起，心裡面感到滿滿的幸福，心情莫名地雀躍。可能是因為這是我第一次帶爸媽去旅行，別有一番意義，所以特別興奮期待吧！

但等到旅行回來整理相片時，我才終於明白為什麼我會這麼開心？因為身為子女的我，總算完成了一直以來很想和父母一起做的事情，為了該忙的事情而忙，就算再累再忙，也會由衷地感到幸福和滿足。

每當又為了生活忙到昏天暗地時，總會想起那段為了籌備家族旅遊而忙碌的日子。會在心裡默默問自己：「我現在是不是在為了該忙的事情而忙？」

在生活步調緊湊的現代社會中，每個人都在為了生活忙碌著，我也不例外。尤其是兩個孩子年紀還小，育兒瑣碎事務繁重，再加上到了一定的年紀，在公司也扮演著舉足輕重的角色，生活自然更是比別人忙碌。因此，也比任何人都還要努力認真。但諷刺的是，當我越是努力認真，卻好像離自己越來越遠，心裡一直想做的那些事情，彷彿像是被關進了囚牢裡，從此不見天日。

原因很簡單，因為我總是把緊急的事情擺在優先第一順位，而把真正重要的事情遠遠擺在後頭。

「雅緣，這件事很急，妳先幫我處理。」

「明天上午之前一定要完成，再麻煩妳了！」

正所謂「會吵的小孩有糖吃」，說話比較「大聲」的人，自然會先去處理他的事情，光是處理這些事就忙得焦頭爛額、心力交瘁了，根本沒有心力再去管其他事。每天早上起床睜開眼，即使早已經在腦海中規劃好今天一整天的待辦事項，但總是會有突如其來的事件跑過來

「插隊」，原本預計要做的事情只好被迫一延再延。

明明和孩子打勾勾約好了今天晚上要帶他們去沙坑玩，但下班前主管臨時交辦任務，丟了一句：「今天可以弄好嗎？」只好硬著頭皮留在辦公室加班把事情處理完。明明說好要去參加公公的生日宴聚會，卻又突然臨時失約；又或者是因為工作忙碌的關係，無法參加孩子幼稚園的親師座談會。

感覺自己每天都好忙好忙，似乎總有做不完的事情，但值得思考的是：到底是真的忙碌還是只是瞎忙一場？因為忙碌和瞎忙是不一樣的，沒有規劃的忙碌其實只是瞎忙而已。

三十歲的我，在孩子眼中會是什麼樣的我？我不希望孩子記憶中的母親，總是每天為了生活奔波勞碌，一副狼狽不堪的樣子。但我所呈現出來的樣子，卻跟我真正想呈現給孩子的樣子不一樣。於是，我決定重新洗牌來過，先在心中擬定好優先順序，什麼是需要我投入心力去努力的？而什麼又是我真正必須要做的事？把這兩者區分開來，好好思考該如何安排人生的優先順序。

美國著名親子教育專家，同時也是醫學博士的梅格．米克爾（Meg Meeker），她曾說過如果想明確地排定人生的優先順序，必須先誠實寫下「對自己的期許」，一項一項地逐項條列出來。寫完後，再接著寫下「想完成的事情」，在不考慮時間和金錢的前提下，內心深處不為人知的願望清單是什麼？逐一把它寫下來。

寫完這兩項清單後，把它們擺在一起來看，會發現裡面的內容有很大的不同。（假如發現兩者並沒有太大的不同，表示很有可能早就已經規劃好人生的優先順序，目前也正按照這個方向前進。）

在第一項對自己的期許部分，大多數的人通常會先寫下自己「應該要做」的事情，期許自己能夠努力扮演好各種角色。像在我的清單裡，我寫下了希望自己能成為一位好媽媽、在公司是一位優秀的好員工……諸如此類的事情。

在第二項想完成的事情部分，我寫下的清單中包括了像是運動、帶爸媽去旅行等等這些內心真正想做的事情。如果希望自己的人生活得有意義，事實上應該要把這些真正想做的事情擺在人生優先順序的第一位；然而，忙於奔波的我們，卻總是把這些重要的事遠遠擺在最後順位。

「把第一張清單撕掉吧！再從第二張清單中，留下三個真正想做的事情，努力去完成它吧！」

米克爾博士認為最後留下來的這三件事，才是內心對自己真正的期許，也是人生最重要的事情。

這麼說並不是只做「想做的事」就好，而是在想做的事情中，挑選出三項最重要的事情優先去做，按照這個方式度過每一天。米克博士認為當擬定好優先順序後，其實某種程度上就是在告訴自己：「我至少要完成這三件最重要的事情才行！」她表示除了這三件事情之外，如果還有想做但卻沒做到的事，也請不要為此感到自責，自責只會讓心裡充滿不必要的噪音。

沒錯！如果優先順位中，其中一項是孩子的話，當下班前臨時被交辦任務時，就必須果斷拒絕，不要因為推掉工作而覺得內疚，留下來加班讓孩子苦等才更令人感到愧疚。

人生的優先順序要如何安排，才會讓人生更有意義？其實就是找到人生當中最重要的事情，當找到最重要的事情，決定好優先順序後，按照這個順序去做就對了！小時候，父母親曾告訴我：「當妳面臨二選一的難題，不知道該如何決定時，就選困難的那一個吧！」因為正確的決定，往往越是困難的。

事實上，要真的按照人生的優先順序去做並不容易；但也正因為不容易，我們才能透過這個方式，更貼近生命中那些最重要的事物。

什麼才是最重要的事？

當規劃好人生的優先順序後，在心裡下定決心要按照這個優先順序來安排分配自己的時間，但實際上卻很難真的完全做到。

就像如果問大家：家庭跟工作哪個比較重要？大部分的人都會毫不猶豫地回答：「家庭。」然而，雖然嘴巴說家庭比較重要，但很多人過了下班時間，卻還繼續待在公司加班，甚至連週末假日也都在工作。

「因為最近工作比較忙。」

「等我忙完手頭上的案子就會比較有空了……」

每次都只好回過頭來請家人諒解。

有一次，下班時在電梯裡遇到一位認識的學妹。我用嘴型輕聲問她：「下班嗎？」她點點頭後，長嘆了一口氣。出了電梯後，我輕拍她的肩膀問：「每次準時下班都要看別人臉色，很累吧？」但學妹的回答卻出乎我意料之外。

「看不看別人臉色又是另一回事，對我來說最難的是放不下手邊的工作。」她說其實每次都很想留下來加班繼續把工作做完，但一想到孩子還在幼稚園等她，只好一直不停看時鐘確認時間，在心裡告訴自己：「好吧！今天就先做到這裡好了！」雖然很掛念孩子，但仍放不下工作。因為她在懷孕生小孩前，其實是一個不折不扣的工作狂。

克里斯汀生（Clayton M. Christensen）教授認為高成就的人，他們會更謹慎地去思考自己的時間、精力、能力、金錢……這些「資源」應該要分配在哪裡？原因在於這些高成就的人，都有很強烈的成就動機，很自然而然地會習慣把資源分配到短時間就能看到成果、投資報酬率較高的地方上。

像工作就是他們認為投資報酬率最高的地方，當全心全意投入工作後，就有機會獲得賞識、加薪、升遷，這是工作讓人覺得很有成就感的部分。

然而，帶孩子雖然一樣要花費很多時間和精力，但卻不像工作一樣能獲得「立即成就感」。再加上有些工作等不得，如果沒有立刻去做，馬上就會「開天窗」；但就算離開孩子身邊一兩天，孩子也還是一樣會等我們。

因此，成就高的人往往會把工作列為優先處理事項，會投入比較多的心思在工作上，因為比起子女教育要花上數十年才能看到結果，只要努力工作就能獲得升遷或加薪等這類立竿見影的成效。導致原本規劃好的人生優先順序，和實際上真正優先處理的事情是完全不同的。

他們可能會替自己辯解：「我這麼做還不都是為了這個家？」

的確，為了讓家人過著經濟無虞的生活，必須要努力工作才能獲得加薪升遷的機會；想要加薪升遷，又勢必得投入更多的時間和精力。不過，當把自己「有限的資源」投入更多在工作上時，也意謂著會減少投入在家庭上的時間和精力。到最後，就會像網路漫畫《未生》裡的那句台詞一樣：「為了生活拚命努力，但到頭來受傷的卻是自己！」

當列為優先處理的事情和擬定好的優先順序不同時，就無法擁有真正想要的生活。專注在哪裡，成就在哪裡。因此，必須有意識地去察覺自己究竟把大部分的時間和精力投入在哪裡。

坦白說，我也跟學妹一樣，經常放不下工作，總是會想留在公司再多待久一點把事情處理好，哪怕多待個三十分鐘、一小時也好。看到同事們都以時速一百公里的速度在衝刺，感覺似乎只有自己是以時速二十公里的龜速在緩慢前進。因為曾經我也是那個以時速一百公里的速度向前衝的人，如今要練習試著把速度放慢下來，反而需要更大的勇氣。即使想再加快速度衝刺，卻會想起那些可能失去的事物。

假如我真的在工作上火力全開，把油門踩下去飆到時速一百，或許就能重返榮耀，跟同事表現並駕齊驅，甚至還能加快升遷速度。然而，如果我真的踩了油門，在工作上百分百全力衝刺，我可能就聽不到老大換牙時期講話「漏風」的童言童語；也可能會錯過老二即興自編自唱的RAP組曲，聽完後還跟老公兩人在那邊猜說他第一句唱的到底是「妙妙妙」還是「喵喵喵」。

雖然如果以現在時速二十的速度繼續前進，升遷速度會比較慢，在公司裡可能也無法再跟從前一樣獲得賞識，但至少在走到人生盡頭的那一天，不會在心裡後悔：「啊！要是那時候更努力工作一點就能當上主管了！」相反的，如果現在在工作上以時速一百的速度衝刺，到頭來可能才會真的後悔莫及。

「為了努力上班賺錢，錯過了好多陪伴孩子成長的機會。」

每種選擇都各有利弊，有時候不要只光看「得到」的，應該試著去檢視那些可能「失去」的，問問自己是否有辦法承受選擇可能會出現的負面結果，或許就能做出正確的選擇。

時速二十並不慢，對目前的我來說，是剛剛好的速度。更何況，只是現在暫時把速度放慢下來而已，等孩子長大了，就可以再重新調整速度。

有句話說：「最短的捷徑就是繞遠路。」雖然看似現在是在繞遠路，但繞著繞著終究會找到人生真正的成就所在。

終究是「我」的人生

「如果我沒有當媽媽，現在的我會怎樣呢？」

偶爾，我會在心裡想像。假如我不是媽媽，我就可以假日睡到自然醒，想睡多久就睡多久。吃東西只要管自己有沒有吃飽就好，不用忙著上演餵食秀，搞得吃飯跟打仗一樣。不必在黑白色調簡約風設計的家裡，擺滿了五顏六色的育兒用品。把手伸進外套口袋時，也不會摸到兒童維他命錠和碎掉的餅乾。也不必為了配合孩子放寒暑假，在旺季時出門旅行面臨人擠人的窘境。下班回家應該是悠哉地坐在沙發上喝啤酒放空，不需要匆匆忙忙趕回家接小孩。做任何決定前，也不用老是顧慮孩子，一顆心總是繫著孩子。

如果沒有當媽媽，我的生活可能就跟還沒生小孩之前一樣，愛去哪裡就去哪裡，想做什麼就做什麼，生活無拘無束沒有任何牽絆，過著平凡安逸的人生。

然而，如果沒有當媽媽，我可能就不會有機會認識「真正的自己」。常聽人家說當人生走在到懸崖邊上時，會爆發出連自己都不知道的潛能。對我來說，當了媽就像是「走在人生的懸崖邊上」，每一步路都走得戰戰兢兢。

有了孩子之後，自己彷彿變得好渺小，開不開心變得不再重要，就連生病去醫院看醫生，護士不是直接叫我的名字，而是叫我「小潔媽媽」，當了媽之後有時侯會覺得離自己越來越遠，遠到似乎快看不見自己。

很多媽媽都對此感同身受，在媽媽論壇網站裡，經常可以看到媽媽們會寫下「當了媽之後我好像失去了自己」這類的心情。雖然很努力想當一個好媽媽，但常常覺得自己似乎被「榨乾」了（Burn-Out），而我也是一樣。

還沒仔細思考好自己的人生到底應該要怎麼活，就莫名其妙當了媽媽。也因為多了媽媽這個身分，認為自己有責任必須要更努力才行。每當遇到瓶頸時，總認為是自己不夠努力，但事實並非如此，不是因為自己不夠努力，而是在於努力沒有方向。

努力固然重要，但更重要的是找到人生真正的目標，朝著目標努力，而不是汲汲營營於每天的生活。如果不希望人生跌入懸崖的谷底，並不是踩在懸崖邊上努力，而是要先轉身離開懸崖。

精神分析學家詹姆斯・霍利斯（James Hollis）認為一個人會經歷兩種階段的成年期。

第一階段的成年期是從結束青春期後的十二歲到四十歲這個階段，這個時期會把自己定位成是誰的兒子女兒、誰的爸爸媽媽、哪間公司哪個部門的主管。幼兒時期是沿襲父母為人處世的方式；長大後，則會依照認同的社會價值觀行事。

霍利斯認為當這個時期內心深層的「自我感」（Sense of self）不夠強大時，唯一的解決辦法就是把自我價值依附在他人身上，透過這樣的方式建立自我感。換句話說，第一階段成年期的「我」並非「真我」，而是「假我」，「假我」是一連串選擇下的產物。

然而，如果某天在心裡問自己：「拿掉這些外在的角色和身分後，我到底是誰？」會發現一直以來所認識的自己，其實都只是假我而已，內心會感到一片空虛。

霍利斯所謂的第二階段成年期，其實指的就是「中間轉捩點」（Middle Passage）的開始。進入第二階段的成年期，是重新找回自我定位和蛻變成長的機會，也是成長的必經之路。

當面臨人生的中間轉捩點時，會重新去思考人生的意義。重新定義自己的人生。因此，對我而言，成為母親就是我人生的「中間轉捩點」。在第一階段的成年期時，我遵循著社會上所謂的「好女兒」、「好學生」、「好員工」這條路走，但生完小孩當了媽之後，當我也想成為一位「好媽媽」時，卻發現這個角色跟其他角色之間產生了衝突。

我無法同時是一個好員工又是一個好媽媽，光是因為一面帶孩子一面上班，就會被別人說是「自私的母親」，飽受旁人的指指點點。只有卸下員工的身分，決定全心全意當一個「好媽媽」，別人才會拍手鼓掌叫好。但在當了媽之後，我無法再像從前一樣認同別人說好就是好。關於未來的路該怎麼走，我決定不再詢問別人的意見。雖然還是會想要尋求他人的建議，但只會把建議當成是參考而已，不一定會「聽話照做」，重新好好檢視自己，從自己的內在找尋答案。

現在，我不再只是把自己劃分成「員工」和「媽媽」兩種角色，不再把自己一分為二，劃分成職場上的我和家裡身為母親的我。無論是在職場也好，還是在家裡也好，我是員工也是媽媽，我就是我，是全然「完整」的我。

人生，終究是屬於自己的人生。人生的方向盤是掌握在自己手裡，唯有握緊方向盤，決定好自己要往哪裡走，最終才能抵達我想要去的目的地。

有段時間裡，會覺得當了媽之後的我彷彿失去了自己，心裡感到委屈難過。但現在我並不這麼認為，我反而很感謝自己能成為母親，因為當了媽之後，才有機會讓我重新找到真正的自己，變得更堅強茁壯。

當我還處在第一階段成長期時，我一點也不好奇十年後的我會是什麼樣子，認為自己十年後的樣子，大概就跟現在大我十歲的人差不多，我只要好好認真努力生活就好。但當進入第二階段的成年期後，現在的我，雖然同樣會對未知的未來感到擔心害怕，但心裡會開始描繪自己十年後的樣子，並且對未來的人生充滿了無限期待。

媽媽的成長筆記 3

Q：寫下自己過去的成就。

Q：寫下未來可以做到的事情。

Q：十年後如果要上台講課，希望主題是什麼？

Q：每天的生活是忙碌而充實，還是庸庸碌碌不知為何而忙？

Q：什麼事情會讓我感到幸福？

Q：我希望在身邊和我一起分享這份幸福的人是誰？

Q：有沒有心裡面一直很想做卻還沒去做的事情？

Q：我希望自己死後，在別人心目中是什麼樣子？

第四章

成長的第四門功課　平衡

在工作和家庭中找到「整合」模式

育兒過程中，最常聽到旁人的其中一句建議就是：「工作時就專心工作，帶孩子時就專心帶孩子。」

美國密西根州立大學社會學教授巴爾巴拉·師巴德（Barbara Schneider）教授研究團隊曾指出，已婚女性比已婚男性更擅長一心多用，能夠在同一時間內同時處理多項事務，但相對而言，女性也比男性更容易陷入自責的情緒，內心承受的壓力更大。

根據調查顯示，一般已婚男性的壓力來源主要是在職場上，而已婚女性的壓力則來自各種地方，她們在家中除了要照顧孩子之外，還要處理家務事，也同時必須面對職場上的工作壓力，在「身兼多職」的情況下，壓力自然更大。因此，才會建議媽媽們要懂得運用「切換模式」，工作的時候就進入工作模式，回歸家庭生活時就進入生活模式。

我也認同這種方式，因此也希望自己能平衡這兩種角色，在兩種極端的角色之間能遊刃有餘。上班時和孩子分開後，能夠立刻搖身一變變成精明幹練的上班族；下班後一離開公司，又可以馬上變身成顧家的好媽媽。但真正的問題點在於，這兩種身分其實是完全衝突的，要能瞬間切換自如並不是件容易的事。如果只是簡單打開開關就能立刻切換成不同角色，當然不會有任何問題，但人終究不是機器，不是開啟或關閉開關就能輕鬆切換模式。

首先，第一個必須面對的問題就是——體力無法負荷。辛苦一整天下班後，已經精疲力盡了，但回到家後卻還有一大堆所謂「媽媽的例行性工作」要處理，身心俱疲的狀態下，很容易就會對孩子發脾氣，因為太累整個人變得焦躁易怒。

根據某項研究結果指出，當雙薪家庭的父母上班時越是專注投入在工作上，下班回到家後，相對會比較沒體力陪孩子玩，和孩子相處時，也比較容易對孩子失去耐心。因為如果回到家後就立刻把明天上午的會議行程拋到腦後，陪孩子玩到很晚，隔天就只能頂著熊貓眼去開會。

再來，也有可能會陷入無謂的自責中，因為無法在兩種模式中切換自如，會認為自己在公司不是個好員工，回到家後也不是一個好媽媽。在公司上班時，會拿當媽之前的工作表現，和當媽之後的工作表現做比較；在家裡帶孩子時，又會拿休育嬰假期間的我，和現在的我做比較，覺得自己好糟糕，似乎什麼都做不好。

但事實上，隨時能夠切換媽媽和員工兩種身分，原本就是太過理想化的想法。因此，我決定開啟「半調子模式」，不是把開關全開，而是開一半就好。

在工作時，也會把下班後的生活考慮進去。就算工作再忙，下班後當孩子說想去公園玩時，我也能毫不猶豫地回答：「好啊！」立刻起身帶孩子去玩。不是在工作時把所有的精力都全部投入在工作上，而是會保留一些體力下班回家帶孩子。

如果以短期的眼光來看，這樣或許並不是最正確的作法。然而，以長遠來看，這其實不失為是好方法。因為工作與家庭如果某一端的比重過重，就會失去平衡進而產生惡性循環。

每當下班後回到家裡，進家門那一刻的表情，也會連帶影響孩子的心情。如果回到家一進門時，臉上的表情是輕鬆自在的，孩子們也會很開心；但如果因為工作壓力的關係，進家門時露出一臉凝重的表情，孩子也會變得很敏感。當家裡籠罩著低氣壓時，孩子的情緒一觸即發，會莫名變得特別任性、無理取鬧。對著無理取鬧的孩子發完飆後，看著孩子睡著的臉龐，又會忍不住感到自責。隔天帶著愧疚的心情去上班，自然也無法專注在工作上。

相反的，如果下班回到家後，一打開家門就面帶笑容地開心地呼喊孩子的名字，孩子們也會興奮地大喊：「媽咪！」蹦蹦跳跳地跑過來，又抱又親地說：「我好想妳喔！」互相分享今天一整天的心情，讓彼此知道有多愛對方。

抱著愉悅的心情陪伴孩子，一起開心地玩耍、一起開心地入睡，隔天起床後活力滿滿地互道早安，送孩子到幼稚園上課後，再帶著滿滿的動力去公司上班。當工作充滿活力時，以長遠來看這樣反而會讓工作更有效率。

工作與家庭無法像切換開關一樣完全切割開來，相反的，兩者之間的關係反而比較像是齒輪一樣緊密結合。當齒輪與齒輪之間相互契合時，齒輪就會跟著轉動；在工作和家庭中找到整合模式時，生活也會繼續前進。

不只是追求平衡，要持續優化

在美國，經常會把工作與家庭之間的平衡，比喻成像是「拋球雜耍」（Juggling）一樣，所謂的「拋球雜耍」就是我們經常看到的特技表演，把兩個以上的物品拋到空中，反覆地來回拋接。

然而在法國，則是以法語中代表「均衡分配」（Equilibre）的單字，來形容工作與家庭之間的平衡。所謂的「均衡分配」意思就是指不能夠太過偏重工作或家庭，而是要平均分配比重，讓一切都恰到好處。

在《給孩子的全腦學習潛能開發書：拯救無數法國媽媽、孩子和老師的教育奇蹟》（*Apprendre Autrement avec la Pédagogie Positive*）這本書中，作者曾以飲食均衡的概念，來比喻生活中的每一種角色，也必須要取得平衡，以維持生活的和諧狀態。

雖然兩者都是用來形容工作與家庭之間的平衡，但「均衡分配」和「拋球雜耍」卻是完全不同的概念。拋球雜耍是想要同時兼顧兩者，因為不想錯失任何一球，所以時時刻刻都必須戰戰兢兢，深怕一不小心就會漏接；但「均衡分配」則是超越了工作與家庭之間的平衡，更進一步地追求整體生活的平衡。

但也不是追求完美的平衡。所謂的平衡其實只是一種理想狀態而已，即使有某一部分稍微不足也無妨，是屬於進階版的平衡。

除此之外，也有其他更進一步的概念出現。專門研究美國職場工作彈性議題的卡利．威廉斯．尤斯特（Cali Williams Yost）曾提出「工作與家庭的契合度優化理論」（Work+Life Fit）。他認為不應該一味地追求工作與家庭之間的平衡，而是要持續不斷優化。因為要真的達到完美平衡其實是很困難的，即使再怎麼努力，都很難真正達到理想中的平衡狀態。

再加上每個人心目中所追求的生活平衡狀態都不一樣，每個人的狀況也都大不相同，因此沒有所謂的標準答案。即使達到平衡後，狀況也會不斷改變。當狀況一改變，同時就會失去平衡。

就連千辛萬苦好不容易達到平衡狀態的人，回過頭來也會經常感到後悔。

「為了照顧家裡，害我都沒辦法好好專心工作！」

「為了捧這個飯碗，害我跟家人越來越疏離！」

因為比起得到的，他們會先想起失去的。

但如果是追求持續不斷優化，情況就不同了。

約斯特認為工作和生活就像是合起來的一張圓餅圖一樣，在這張圓餅圖中，包含了一天二十四小時的時間，再加上全部的體力和精神。如果是以不斷追求優化改善的角度來看這張圖，就會好好去思考該如何調整這張圓餅圖。就像學生時期每天下課後，會畫出時間分配圓餅圖一樣，重新去思考工作、育兒、家務事、睡覺、吃飯、休閒等各種項目在這張圓餅圖內的比重配置。

不需要平均分配每一個項目的時間比重，而是規劃好各個項目各自所需要的時間。例如：睡覺時間是晚上十點到早上七點、早上八點到九點是看電視時間、下午兩點到四點看書、下午五點到六點去公園玩。

假如追求平衡是為了不偏重任何一方，那麼持續優化的目的就是為了達到最佳狀態，會隨著情況的不同適時做出彈性變化。當必須投入在工作上時，圓餅圖很大一部分的比重就會是工作。不過，當圓餅圖的比重太過偏向工作時，下次就可以再調整分配到家庭。依照狀況的不同，可以適時地靈活調整，不是為了追求當下眼前的平衡，而是為了更長遠的平衡。

麥肯錫公司第一位韓國女性顧問——金容雅女士曾在某次媒體訪談中，說過以下這段話：「不管在任何時候、任何情況下，我們都不可能同時是一位好媽媽、好太太、好員工，我們唯一能做到的，就是做好當下應該要做的事情，有時候妳可能是一個好媽媽，有時候可能是一個好太太，或者是在職場上當一個優秀的職業婦女。根據不同時間點和狀況做出不同選擇，選好了之後就盡力做到最好。以整體來看，就不會有所謂的顧此失彼了。」

我舉雙手表示贊同。當不再一味地追求平衡，而是持續不斷地優化調整，自然而然就能達到平衡的生活狀態。

給自己設定最低標準

今年年初時，剛好那天是某家電視台正在舉辦音樂大獎頒獎典禮，搭地鐵時聽到旁邊坐了兩位女國中生在聊天。

「歐爸[7]他們今年應該會得獎吧？」

「一定會啦！不是他們還有誰有資格得獎啊？」

聽她們聊天的內容，想必是正在用手機看頒獎典禮直播。過沒多久，又聽到女學生們一面小小聲地開心歡呼著一面興奮地跺腳，看來應該是她們喜歡的「歐爸」得獎了。接著，又看到女學生們對著手機螢幕說：「不用啦！不用太努力了啦！」

不用想也大概猜得出來，可能是「歐爸」在致詞時，說了：「我會繼續好好努力。」之類的話，所以她們才會語帶心疼地對著小小的手機螢幕畫面說：「不用太努力了啦！你已經夠努力了！」

聽著女學生們可愛的對話，讓我不禁會心一笑。

經常會有很多請完育嬰假打算復職的學妹們來找我聊天，問我重返職場後，有沒有哪些特別需要注意的事？聽完學生們的對話後，我都會告訴她們：「記得不要太努力就好！」

回頭仔細想想，女學生們這句話說得一點也沒錯。「歐爸們」都已經在頂尖的歌手們中脫穎而出獲得大獎了，想必一定早就經歷過一番努力才有可能得獎，但得獎之後，居然還說自己要再更努力才行。

就像媽媽們明明已經很用心在陪伴孩子，但看著孩子睡著的臉龐時，又會忍不住後悔，心想「應該要再多陪他玩一會兒的」、「應該要再好好抱抱他才是」，然後在心裡下定決心「明天一定要好好專心陪他玩」。結果隔天等孩子睡著後，又一樣重複著後悔。

工作時也一樣，明明已經很認真努力工作了，但到快下班前又會心想：「唉！看來今天還不夠努力，應該要再更認真點才行，明天再繼續加油吧！」但到了隔天下班時，還是一樣覺得

---

⑦在韓國，女生習慣稱年紀比自己大的男人為「歐爸」（오빠 oppa），代表哥哥的意思，這樣的稱謂具有特殊親暱感。

自己做得不夠多、不夠好。

當然，無論是女學生們喜歡的「歐爸」也好，還是我也好，我們都可以努力做到更好。但必須要知道的是，「更」這個字代表永遠看不到盡頭，不管再怎麼努力都不會滿足於現況。「明天要玩得更開心喔！」和「明天也要玩得開心喔！」、「明天要更努力！」和「明天也要努力！」雖然從字面上看起來意思差不多，但實際上的語意卻完全不同。

關於「要再更努力」這件事，應該要設定好具體明確的目標，但建議不要把目標設定得太高，而是設定最低標準就好。這樣一來會比較容易達標，相對來說也會比較有成就感。從「微不足道」的地方開始，為每天的生活設定最低目標。

假如設定下班後的目標是：要逗孩子笑三次。可能就會在上床睡覺前，陪孩子在床上滾來滾去；或者是念睡前床邊故事時，故意搞笑用誇張的表情或聽不懂的外星語念故事；真的沒輒的話，也可以直接使出「搔癢」的大絕招逗孩子笑。像這樣完成「逗孩子笑三次」的目標後，就算是完成了今天的任務。如果再讓孩子多笑一次，就可以當作是一種「額外福利」。

工作也一樣，先想好至今天或是這星期內務必要完成的一項工作事項。這樣一來，就可以比較專心集中處理好那件事。如果臨時被交辦其他任務，也可以把這件事當作是一種指標，在心裡評估到底孰輕孰重？

「這件事有比原先預定要完成的事情更重要嗎？」

透過這個方式，可以適時調整工作優先順序。

如果沒有比原先預定要完成的事情重要，就把臨時被交辦的任務暫時往後延，這也是一種為團隊創造雙贏的方式。

設定最低目標這件事不僅適用於家庭和工作，運用在其他地方也相當實用。因為當我們太過努力想做好某件事時，很容易就會把自己擺在最後，往往會因而忽略了自己。因此，就要設定幾項務必遵守的生活守則。例如：每天最少要睡六小時、一有空暇時間就去運動、一星期散步兩次，每次三十分鐘以上、每兩個星期和老公單獨約會、每星期至少留給自己一小段獨處時間。

雖然我其實很希望能夠每天散步運動，也想經常和老公約會，但一天只有二十四小時，要同時間消化這麼多的行程，時間會被切割得很零碎，因此會建議大家以「週」為單位來管理規劃行程。

時間管理專家——蘿拉．范德康（Laura Vanderkam）曾說過，當開始進行時間管理時，要記得不要落入「一天只有二十四小時」的思維陷阱裡。

雖然大部分的人都會以一天二十四小時來規劃一整天行程，但這樣一來，就無法從整體的角度來管理時間。

事實上，觀察那些成功女性們的行程表，會發現成功人士們並不是以一天二十四小時來規劃行程，她們通常是以一週一百六十八小時為單位，來管理每天的行程。

因為這樣的方式比較能靈活運用時間，像是可以把工作集中在某一天處理完，這樣一來一週內的其他時間工作相對就比較輕鬆；也有一些夫妻會固定在某些時間裡請別人幫忙照顧孩子，趁機享受一下夫妻甜蜜時光。

並不是在下班後為了還沒處理完的工作，等哄睡完孩子又爬起來「自動加班」，而是趁週末假日閒暇時，先把一部分的工作處理完，星期一上班時就比較不會有所謂的「週一症候群」，也能稍微減輕平日的工作量。像這樣以一週一百六十八小時為單位進行時間管理，更能有效充分運用時間，能做的事情也更多，同時也能讓生活更從容自在。

媽媽們為什麼常生病？

每次舉辦媽媽講座時，我一定會問媽媽們：「妳們都靠什麼方式保持身體健康？」這是我一直很想問的問題。在還沒當媽前，我的抵抗力很好，很少感冒生病。但自從生完小孩回公司上班後，漸漸地，去醫院的次數變得越來越多。雖然沒辦法具體說出到底是哪裡不對勁，但就是經常覺得很不舒服，感覺自己身體健康拉警報。

詢問熟識的醫生：「為什麼我老是生病？」

醫生像是等我問這句等很久了，立刻回答：「因為妳不重視身體健康啊！」

於是，我繼續問：「那要怎樣才能維持身體健康？」

醫生的回答出乎意料的簡短。

「只要妳好好重視自己的身體健康就好。」

醫生告訴我，通常媽媽生病復原得沒那麼快，尤其是職業媽媽。如果不想生病，最基本的就是要吃好睡好，但因為媽媽們都特別忙，連最基本的都很難做到，就算醫生開再好的藥，也都只能幫助稍微減輕症狀。假如沒有養成良好的生活習慣，就很難完全清除病根。

職業媽媽們一邊工作一邊照顧孩子，可以說是典型的「時間貧窮族（Time Poor）」。時間管理專家指出，通常時間貧窮族們會減少「照顧自己的時間」，優先去處理其他事情。所謂「照顧自己的時間」指的像是睡眠時間、用餐時間、盥洗時間、休息時間、以及閒暇時間等都包含在內，誠如字面所述是用來好好照顧自己的時間。倘若減少這些時間，就意謂著少睡一點、少吃一點、少休息一點。當沒有充分的時間好好照顧自己時，健康當然就容易出狀況。

醫生建議如果想讓身體保持健康，首先要先從重視養生之道開始做起，好好照顧自己的身體，用心留意身體所發出的訊號。

如果總是認為：「身體不舒服的話，多休息幾天就沒事」、「可能是因為突然放鬆免疫力下降才會生病」很可能就會繼續逞強下去。然而，當身體一旦發出警訊時，必須好好休息才行。雖然當身體不舒服時，仍然可以靠意志力硬撐，但光靠意志力卻阻止不了健康衰退的現象。

德國醫生同時也是科學記者的威納．貝爾坦茲（Werner Bartens），他建議如果想維持身體健康，必須先定義出每個人心目中的「健康狀態」，因為每個人對健康都有自己的定義。像法國外科醫師盧納・勒里修（Rene Leriche）認為當器官「沉默不說話」時，就表示身體健康。哲學家漢斯・格奧爾格・高達美（Hans Georg Gadamer）則認為健康就是忘了自己的有形存在，也就是達到身心合一的狀態。

貝爾坦茲認為每個人想要達到的健康狀態標準都不一樣，但不要只是很籠統地認為沒生病就是健康，而是要具體地對健康作出定義，什麼樣的狀態才稱得上是「健康狀態」？訂定明確的目標有助於維持身體健康，因為當心中清楚知道「為什麼」健康這麼重要後，就能找到「如何」讓身體保持健康的方法。

我曾經思考過，我之所以無論如何一定要保持身體健康，最重要的原因沒別的，正是因為我是兩個孩子的媽媽。因為當媽媽生病時，整個家就會陷入停擺狀態。除此之外，到了坐三望四的年紀，也會更在意身體健康狀況。專家們表示，二十歲後半至三十歲出頭是身體的巔峰期，過了這段時間後，就會開始慢慢出現老化現象。從三十幾歲的輕熟齡階段，到四十歲過後的熟齡階段，身體會開始出現不一樣的變化。

如果四十歲前，疾病就開始找上門；過了四十歲後，身體只會越來越虛弱，也會變得很容易生病。再加上現在已進入了百歲世代，就像在社群網站曾引起熱烈討論的某個主題：「倒楣的話很有可能甚至會活到二百歲。」因此，如果不希望活到一百歲卻渾身是病，就必須好好保持身體健康。

最後，我希望自己至少不是因為健康因素而無法再繼續工作。前不久，某個很要好的後輩同事離職了，離職的原因是因為身體出了狀況，暫時需要好好靜養休息。根據問卷調查指出，四十歲左右的職業婦女辭職原因大多是基於健康因素考量，占了將近百分之三十一點六的比例。

因此，不要因為忙碌而犧牲掉照顧自己的時間，要保留時間給自己，養成每天每次五分鐘的靜心習慣。每天早上起床後，叫孩子起床前，靜心五分鐘；下班後回家進門前，靜心五分鐘。傳統正規的靜心方式，必須找一個安靜的地方坐下來，一邊播放輕音樂，一邊靜心冥想。但其實只要能讓自己放鬆且靜下心來，不管在任何地方都可以靜心。

以舒服的姿勢坐下來，深吸一口氣後吐氣，眼睛睜開或閉上都無妨。吸氣時，就好像充飽電一樣肚子鼓起來；吐氣時，就好像把體內的烏煙瘴氣「呼」一口氣通通排出去。吸氣時，會感覺全身充滿活力，吐氣時，會覺得身體呈現自然放鬆狀態。當心理健康了，身體才會健康。

研究結果指出，靜心冥想有助於降低血壓，對舒緩壓力也有幫助，同時能延緩老化。神經科學者——理查德．戴維森（Richard Davidson）曾指出，養成隨時靜坐冥想的習慣後，專注力會大幅提升，抗壓力也會跟著增加。

學會對自己寬容也很重要，所謂對自己寬容並不是給自己「特別待遇」，而是像對待別人的方式來對待自己。會這麼說是因為大多數的時候，我們總是會試著去理解家人、朋友、同事們的心情，包容他們所犯的一些疏失，但對自己反而特別苛刻。當別人犯錯時，無論錯誤嚴不嚴重，都會先試著理解後選擇原諒；但對自己犯下的錯誤，不管錯誤再小，都會不斷地在心裡責怪鞭打自己。

貝爾坦茲認為當我們懂得同理自己，接納允許自己犯錯，能夠原諒自己與自己和好時，身體和心理都會變得比較健康。

因此，建立良好的「自我同理心」（self-compassion）對健康很重要。當開始試著練習自我同理，有助於降低壓力荷爾蒙的皮質醇指數，增加心率變異性（HRV）[8]。

---

⑧ 心率變異性（Heart Rate Variability,HRV），衡量每次心跳之間時間變異的一項指標，HRV指數增加有助於減少心血管疾病風險。

因此，當在心裡安慰自己「沒關係」時，也必須一面同時觀察身體是否真的「沒關係」。

當媽媽身心都健康時，才是真的健康。

沒時間運動？其實只是不想而已

去年年底和姐妹們聚會時，我曾信誓旦旦地誇下海口宣告——

「我決定從明年開始運動！」

本以為大家會替我加油鼓掌歡呼，沒想到換來的卻是一陣揶揄。

「少來了，妳去年不也說今年要開始運動嗎？」

一時之間害我尷尬地說不出話來。每年訂定年度目標時，都在心裡下定決心說：「明年一定要開始運動。」是真的很想養成固定運動的習慣，但無奈卻抽不出時間運動。並不是拿沒時間當藉口搪塞，還沒懷孕前，我會利用中午休息時間去練瑜珈，也會去健身房運動。因為平常喜歡散步，下班後也經常從公司走路回家。但生完孩子後，因為沒人幫忙照顧孩子沒辦法去運動，再加上重返職場後，更是找不出時間運動。

參加聚會中的某個姐妹剛好是健身教練。

「這次是真的要開始運動了嗎？」她問。

「沒錯！」

「那妳今天回家不要搭電梯了，走樓梯上去吧！」

走樓梯上去？有沒有搞錯？我家在十九樓耶！雖然我沒回話，但不情願的表情全寫在臉上，她似乎也察覺到我表情的變化。

「運動不是口號，不是喊著說要從哪一天開始才要運動，而是直接身體力行。」

「運動」在字典裡的定義是：「鍛鍊身體或促進健康體適能的身體活動。」但我心裡所想像的運動畫面，是要去健身房跑步流汗，才稱得上是運動。但身為健身教練的好友卻告訴我，不要把運動想得太「偉大」，只要平時有空稍微活動一下身體，都算是在運動。

像是盡量走樓梯不搭電梯也是一種方法，每天早晚固定爬十分鐘樓梯，跟在健身房做有氧運動的效果是一樣的。公司樓梯間的牆壁上也貼了一張海報，上面寫著：「每天從一樓爬到二十二樓，可延長三十五分鐘的壽命。」

從那天起，我開始按照她的建議，多爬樓梯盡量不搭電梯、手扶梯。從上班搭地鐵出站的那一刻開始，從地下三樓起不搭手扶梯，而是改走旁邊的樓梯。到了公司後，我們部門位在十二樓，也一樣不搭電梯爬樓梯。上洗手間時，也會刻意爬樓梯到十九樓的洗手間；平均每天至少會上三至四次的洗手間，來回要爬七層樓的階梯，也算是一種運動的方式。

等地鐵或刷牙、洗碗時，需要一段時間固定站著的時候，會抽空做踮腳尖的運動；坐在椅子上時，也會把雙腳併攏抬起雙腿，做一些類似像這樣的辦公室輕運動。

某天，在辦公室洗手間看到學姐正在做深蹲動作。

「學姐，妳在幹麼？」

她沒有停下來，邊做邊回我。

「我在運動啊！目標一天做三十下深蹲動作，所以一有空就做一下！」

真是個好方法呀！比起設定「一天運動三十分鐘」的目標，像這樣設定「一天做三十下深蹲」、「一天做二十下弓步蹲」具體目標，相對來說比較有可能做到。

不要把運動視為是一件「遙不可及」的事，而是要把運動當成是一種日常生活習慣。因為如果不這麼做，很容易就會忘記運動，甚至會找藉口推託。把運動變成習慣，自然而然就會成為生活中不可或缺的一部分。

臨床心理學家羅伯特．毛雷爾（Robert Maurer）博士曾說過，當媽媽們處於疲勞轟炸狀態或是情緒焦躁不安時，會對運動產生排斥感。媽媽們的心裡面會認為：「拜託！我每天照顧孩子都已經夠忙了，連好好吃飯的時間都沒有，哪來的時間運動？」但毛雷爾博士他認為媽媽們之所以不想運動，並不是因為忙碌沒時間，而是因為「杏仁核（Amygdala）」作祟。

當規律的日常生活發生變化時，大腦杏仁核會喚起負面記憶，進而產生恐懼的情緒。因此，要脫離熟悉穩定的舒適圈或是嘗試新鮮事物時，大腦杏仁核就會第一個跳出來阻擋，這也是為什麼習慣不容易改變的原因之一。

因此，毛雷爾博士認為，如果不想被杏仁核綁架，建議先從改變日常生活中的小習慣開始做起。例如：從每天早上起床後站在跑步機上或坐著的小習慣開始改變，比起下定決心每天早上跑跑步機三十分鐘，會來得更有成效。久而久之，可能哪天就會很自然地踏上跑步機開始跑步也說不定。

我們很容易會忘記自己所設定的目標，但如果真的怕自己忘記，也可以運用一些「小撇步」來幫助自己記憶。像是如果下定決心每天要用牙線，就可以把牙線放在牙刷旁邊，這樣刷牙的時候就會比較容易記得。運動也是一樣，每天去洗手間時做深蹲，或是換衣服時做伸展運動，像這樣把兩件有關聯的事情串在一起，就比較不會忘記，有助於落實運動計畫。

像我的「小撇步」就是智慧型手環。雖然下定決心要爬樓梯，然而說歸說，卻時常忘記，等到發現時自己已經待在電梯裡或正在搭手扶梯。

「啊！對耶！我怎麼給忘了？不是說要爬樓梯嗎？」

經常都是等事後才想起來。

但戴上智慧型手環後，它會提醒我每天的運動量，隨時隨地告知我今天的運動量一共多少、運動時間比昨天少還是多。坐在辦公室裡，每小時如果沒有站起來稍微活動一下，手環也會提醒我。我還設定了深呼吸鬧鐘，提醒自己深呼吸完要運動。每次想偷懶放棄時，會想起健身教練的那句話：「運動是積少成多的。」

睡飽精神才會好

美國睡眠基金會發表了最新版的睡眠指南，針對不同年齡層給出了不同的睡眠時數建議。以一般成人而言，建議一天理想的睡眠時數為七至九小時。但由於體質不同，每個人實際上所需的睡眠時數也都不同，衡量睡眠是否充足的標準，端看第二天是否感覺很清醒、精力充沛？如果回答「是」，就表示睡眠時間充足。以我而言，哄睡完孩子後跟著孩子一起睡，第二天早上大概七點左右就會自動醒來。因此，我所需的睡眠時間約為八小時。

然而，成為母親之後每天都睡不到八小時。哄睡孩子後和孩子一起睡，睡到清晨五點起床，平均一天睡眠時間只有六小時。有時候如果家事沒做完或是工作忙不完，等哄睡完孩子後再爬起來處理，常常一轉眼不小心就忙到半夜一兩點，睡眠時間就只剩下四到五個小時左右。

為什麼睡眠時間總是不夠？理由很簡單。因為有太多事情要處理，只能犧牲睡眠時間，趕快把事情處理完。孩子出生後，睡眠時間縮短；重返職場後，睡眠時間又變更短。尤其是剛回公司上班的那段時間，基本上每天都睡不到五小時，能睡到五小時就算睡很多了。但犧牲睡眠時間工作，事實上工作效率並不如預期。

美國賓夕法尼亞州大學研究團隊，曾針對四十八名成人為對象進行實驗。他們分別讓這四十八個人以每天平均睡八小時、六小時、四小時，甚至整晚熬夜不睡覺來分組，進行認知能力測驗。

每天平均睡眠時間為八小時的那一組，測驗結果表現一直都很優異。然而有趣的是，每天睡六小時的人在經過實驗第十天左右，認知能力測試出來的結果居然和熬夜沒睡覺的人差不多。而睡四小時的人，則是從實驗第三天後測驗成績開始逐步下滑。也就是說，當睡眠不足時，很難維持清晰的思維和高專注力，亦無法正常發揮實力。

如果是因為有急事須處理，偶爾一兩天熬夜並不會有太大的影響，如果累了只要稍微休息一下，很快就能充飽電迅速恢復體力。然而，如果是長時間睡眠不足，就會變成是一種「睡眠負債」，正如字面上的意思，睡眠時間不足就像是欠債一樣。

如果經常睡眠不足，會影響日常生活，也會對身體造成負擔。但問題在於，我們明明都知道睡眠品質和充足的睡眠很重要，卻放不下手頭還沒處理完的事情，捨不得上床睡覺。

我決定從改變對睡眠的看法開始做起。睡覺並不只是休息而已，更是一種「投資」，為了隔天醒來後開啟嶄新一天的「投資」。不是「眼睛睜開」就是醒來，而是「腦袋清醒」才是真的清醒。雖然減少睡眠時間，的確可以換來更多時間處理更多事情，但沒睡飽精神狀況不佳時，工作效率會跟著下降，也會變得容易犯錯，反而更得不償失。

某位主管曾經說過，「把事情做好」跟「認真做事」是完全截然不同的兩回事，要思考的並不是要如何才能更努力更認真，而是該如何把事情做得更好。睡眠就是很重要的關鍵之一，睡飽精神好事情才有辦法處理好。

不過，即使在心裡下定決心「我今天一定要早點睡覺」，當遇到事情沒做完，早點上床睡覺這件事很容易又淪為空想。因此，不是先規劃睡眠時間要睡多久，而是先從一整天的規劃開始做起。

我希望自己一天最少要睡六小時以上，當然這樣的睡眠時間還是不夠，因此要提升睡眠品質，讓自己睡覺時能夠進入深層睡眠好好休息。

睡覺前不滑手機也有助於睡眠品質，因為每次處理完事情打算上床睡覺時，很自然就會拿起手機開始滑個不停。辛苦忙完了一整天，好不容易終於可以躺在床上好好休息，會覺得：

「啊！現在總算是屬於我自己的時間了！」捨不得就這樣睡著，拿起手機一滑經常就是三十分鐘，甚至是一小時不等。

國立環境科學研究中心曾經做過一項實驗，實驗結果發現睡覺前滑手機，入睡所需的時間會多三倍以上，睡覺時翻身的次數也會多兩倍。此外，睡覺前三十分鐘遠離手機，也有助於體內褪黑激素（Melatonin）分泌。因此，結論是睡覺前使用手機，會縮短睡眠時間，對睡眠品質也會有不良影響。

白天找時間補眠也是個不錯的方法。去年，電視節目曾播出某間高中老師的訪談。被訪問的是一位喜歡在課堂上變魔術出名的老師，他會趁平常上課空堂時間或是下班有空時，抓緊時間練習變魔術，把變魔術當成是一種興趣。問他什麼時候會感到有壓力？他回答：「覺得時間不夠用的時候。」

因為要學魔術，又要花時間研究練習，再加上還有學校的正課要備課，常常會覺得自己像是被時間追著跑。問他平均一天大約睡幾小時？他回答：「包含補眠的時間在內，全部加起來大概七小時左右。」

他平常幾乎都忙到凌晨兩點多才睡，早上七點就要起床，平均只睡五小時而已，根本睡不飽。因此，他會趁白天中午休息時間稍微小睡三十分鐘；下班後從公司回到家的通勤路上，也會補眠小睡一至一個半小時左右。一天三次的睡眠時間，合起來一共大概是七小時。

我老公也是屬於這類可以隨時隨地把握時間補眠的人。平常白天要上班，回到家下班後忙著照顧孩子，其實他也跟我一樣都很忙，平均一天的睡眠時間也差不多是六小時。但他卻不像我常常大病小病不斷，即使睡眠時間不足，卻總是精神抖擻，好像一點都不累的樣子。問他：「為什麼我們明明睡覺的時間都差不多，你看起來一點事也沒有，我卻覺得每天都好累？」

他回我：「因為我白天會找時間補眠小睡一下啊！」

康乃爾大學社會心理學家——詹姆斯．梅斯（James Mass）就曾提出「小睡充電理論」（Power Nap）。他指出倘若長時間睡眠不足，可運用白天時間小睡十五至三十分鐘左右，幫身體充電恢復體力。平時白天有午睡習慣的人，會比沒有午睡習慣的人，大腦活動力平均增加百分之三十四左右。

美國哈佛大學心理學博士——薩拉．梅德尼克（Sara Mednick）也曾提出科學證據證明，午睡有助於改善因睡眠不足導致記憶力衰退的現象。她認為比起強忍睡意硬撐著，倒不如稍微短暫小睡一下，對提升工作效率更有幫助。

如果想讓午睡效益百分之百最大化，最好維持二十分鐘左右的午睡時間。因為從淺層睡眠進入到深層睡眠，一般來說睡眠周期大約需要九十分鐘。當開始入睡後過了二十分鐘，會進入到深層睡眠，但進入深層睡眠後再勉強醒過來，身體反而會變得更疲憊。

不過也並不是一定非得午睡不可，像我如果在白天睡午覺，反而會覺得頭痛欲裂。因此，我的充電方式不是「小睡」，是採用「閉目養神」的方式，透過這樣的方式幫助自己沉澱休息。中午休息時間外出簡單吃點東西，提早回辦公室休息十到二十分鐘，閉上眼睛全身放鬆，光是這樣也能達到百分之七十的午睡效益。

休息是為了走更遠的路

我剛上大學時收到的開學禮物是一台電腦，那是我有生以來第一台「個人專屬」電腦。收到這份禮物的我，相當珍惜，很怕不小心把電腦弄壞，把它當寶一樣小心翼翼地使用。然而，某天用電腦時，突然發現電腦速度變得很緩慢。原以為是電腦中毒，用掃毒軟體掃過一輪，卻發現並不是中毒。

仔細確認後，才發現是從檔案建立到刪除的過程中，如果沒有好好清理硬碟，就會發生類似的狀況。遇到這種情形時，可以執行「磁碟重組程序」，電腦硬碟裡面壞掉的檔案就會進行重組，磁碟重組後可提升系統效能。因此，執行完磁碟重組程序後，電腦的速度就會恢復正常。一面用著速度變快的電腦，一面對著電腦開玩笑說：「看來你也沒多聰明嘛！」

其實原本早就忘了這件事，但不久前偶然想起來，突然對這件事情有了不一樣的想法。並不是電腦不夠聰明，而是就連這麼聰明的電腦，也需要定期進行「磁碟重組」，清理完磁碟空間後，才有辦法恢復正常速度。

幾乎每一本育兒書裡都會提到，建議所有的媽媽們不管再忙再累，都要留一段時間給自己好好休息，創造「專屬於自己的時間」（Me time）。

無論是剛生完小孩的新手媽媽也好、還是家有學齡期子女的職業媽媽也好，都需要留一段時間給自己。然而，實際詢問周遭身旁的媽媽們有誰真的這麼做？結果不到一半，絕大多數的媽媽都沒有這麼做。

這是為什麼呢？因為大部分的媽媽似乎都不敢，每次上課時，告訴台下的媽媽們偶爾要讓自己去放風一下，她們的表情大多是：「這樣真的可以嗎？」

從她們的神情可以看得出來，她們之所以無法這麼做的兩個理由。

首先，第一個理由是，媽媽們心裡面會放心不下孩子。

要擁有一段完全屬於自己的時間休息一下，意謂著必須暫時離開孩子。然而，身為孩子主照顧者的母親，會擔心自己是否真的可以離開孩子去享受獨處的時間？但所謂的主照顧者，只是「主要負責」照顧孩子的人，並不表示要負起「全部責任」，可以和老公協調一起分擔育兒工作。此外，有句話說：「養小孩，需要一個村莊的力量。」也可以試著讓更多人一起幫忙照顧孩子，讓更多人一起加入共同育兒的行列，建立強大的托育支援後盾。

而且並不是二十四小時待在孩子身邊寸步不離才是負責任的表現。記得我第一次把孩子交給托嬰中心的老師幫忙照顧，重返職場上班的那一天，老師對我這麼說：「媽咪，別擔心！其實孩子比想像中還要勇敢，媽咪也要加油喔！」

老師說得一點也沒錯。孩子遠比我們所想像的來得要勇敢許多，真正捨不得、放不下的人反而是我。不只是孩子和媽媽分開時，會經歷所謂的分離焦慮，就連媽媽要跟孩子分開，也會有分離焦慮症。要學會試著放下對孩子的擔心，並拿掉分離焦慮，才能客觀地去看待這件事。

再來，另一個理由是罪惡感。

尤其是職業媽媽們，更是對擁有專屬自己的放風時間這件事感到罪惡。因為上班要和孩子分開，心裡已經覺得無法好好陪伴孩子很對不起他們了，下班後哪怕快一分鐘也好，都想盡快飛奔到孩子身邊。在這種情況下，很難願意暫時丟下孩子自己放風去。

於是，我接著問：「最近會不會常常覺得自己怎麼老是愛發脾氣？」

如果會的話，原因很簡單，就是因為沒有留給自己一些時間好好休息。

一九五〇年在德國曾經舉辦過一場「媽媽新革命運動」，喚醒社會大眾重視媽媽們身心健康的一場社會運動。當時，這場運動的發起人曾發言表示：「很多媽媽們長期飽受慢性疲勞、失眠、焦慮、頭痛等疾病所苦，過去十年來，媽媽們生病的比例增加了約百分之三十七左右。」專家們認為，導致媽媽們健康惡化的最主要原因，是因為媽媽們沒有留給自己一段專屬自己的時間好好休息。

就連電腦都需要定期進行磁碟清理程序了，更何況人不是機器，身為媽媽同時也是上班族的我，也一樣需要時間好好清理自己的內在。陪孩子的時間固然很重要，但更重要的是自己是否能活在當下，全然地投入陪孩子一起玩？並不是待在孩子身邊就叫做陪伴，與其待在孩子身邊一小時，但卻經常發脾氣、感到疲憊困頓；倒不如雖然只有三十分鐘，但卻能全心投入，陪孩子一起盡情歡笑、一起開心玩耍來得更好。

有趣的是，有些媽媽們對放風連想都不敢想，但有些媽媽一旦嘗試過放風滋味後，就會經常為自己安排時間去放鬆一下。這就好像某種食物一樣，不吃則已，吃過就愛上了！這是因為感受過媽媽專屬的放風時間所帶來的威力。

放風獨處時，就像充電一樣，會讓自己重新充滿活力。藉由給自己一段時間好好休息放鬆，讓身心充飽電，與身旁的人相處時，他們也會感受到這份滿滿的活力。把時間投資在自己身上，投資報酬率會「加倍奉還」。媽媽們一旦體驗過放風後帶來的好處後，就不會再排斥抗拒這件事。

當生活越是忙碌時，越是要給自己留一些時間，去做自己內心真正想做的事情，才能逐步實現心中的夢想藍圖。光是趁通勤時滑手機，或哄睡完孩子後起來看FB，其實是不夠的。比起每天三十分鐘的放鬆模式，應該要每星期或每個月固定一次放自己一天假，讓自己有充分時間好好去做自己想做的事情。因此，要事先規劃好「媽媽放風日」時間。

每週一中午休息時間，我會盡可能留給自己。有時會上網購物，有時會小憩休息一下，或是享受品嚐咖啡的悠閒閱讀時光，偶爾也會出去外面散步，趁這段空檔做一些想做的事情。

我和老公也培養出「定時加班」的默契，每兩週會有一次固定「加班」時間。在這段時間內，不管是真的留在公司處理工作，或是處理自己個人的私事，彼此不會過問對方理由。有了孩子後，不管是老公還是我，我們都盡量能不加班就不加班，但「定時加班」是我們給彼此的一段緩衝，讓雙方都能保留專屬於自己的空間。

「今天不是輪到你加班嗎？」

「對啊！」

「去看場電影再回家吧！」

雖然自己一個人在家裡一打二照顧孩子不輕鬆，但因為知道透過「定時加班」這樣的模式，能讓彼此好好充電放鬆一下，也就甘之如飴了。

與另一半共同追求平衡

去年年底時，曾和一位學姐一起吃午餐。聊天時，她說我最近看起來好像很輕鬆自在的感覺。但其實前一晚才因為老二半夜臨時發燒幾乎整晚沒睡，再加上剛好公司的事情還沒處理完，想說反正今晚大概也是沒法睡了，就乾脆把筆電擺在床邊一面加班工作一面照顧孩子。

不用照鏡子也知道因為熬夜的關係整張臉有多腫，但她卻說我看起來「輕鬆自在」？我想她大概是在跟我開玩笑吧，於是也搞笑地用筷子指浮腫的臉問：「妳是說我嗎？」

「嗯！我指的不是妳的臉，而是妳的心，感覺心情很輕鬆自在的樣子。」

她說得一點也沒錯。雖然生活還是一樣忙得不可開交，但相較於孩子年紀還小的時候，心境上變得比較安穩自在。即使生活再忙，也能在忙碌的生活中怡然自得，從容不迫地融入步調繁忙的生活節奏。可能是因為孩子長大了，進入到下一個育兒階段，但更正確地來說，應該是因為和老公之間的關係也跟著昇華進化了。

在字典裡查詢「雙薪家庭」這個名詞的解釋定義為：「為了負擔家庭生計，夫妻雙方均有工作收入的家庭。」

雖然大部分的夫妻的確是因為經濟考量因素，才會選擇雙薪，不過，即使外出工作目的並不是為了賺錢，到目前為止，無論是字典名詞解釋或是社會大眾的目光，都只把重點侷限在「賺錢」這件事上。

雙薪家庭夫妻雙方雖然都從事經濟活動，但除了賺錢之外，還可能有其他的目的存在。像是女性可能自己本身也想工作，也有自己的職場生涯規劃。然而，還是有許多人仍有所謂的「男主外，女主內」的傳統觀念，認為雖然雙薪家庭是因為經濟考量，不得已才會兩個人外出工作賺錢；但「育兒」和「家務事」一樣還是太太一個人的事情。

因此到最後很多女性會在婚後辭掉工作，選擇當家庭主婦。並不是兩個人一起賺錢分攤家計就是雙薪家庭；當「育兒」和「家務事」也是兩個人一起分攤時，才是真正的雙薪家庭。

不過，最大的問題點還是在於以男性為主流的職場結構。大多數的男性之所以可以在職場上全心投入，是因為家裡有太太幫忙處理家務。但從另一個層面來看，先生和太太之間的關係也有問題，必須重新檢視夫妻之間的關係。

社會心理學家亞莉．霍希爾德（Arlie Russell Hochshild）在一九八〇年代時，曾針對美國雙薪家庭夫妻進行深入訪談調查，並將研究內容集結成冊出版，書名為《第二輪班：那些性別革命尚未完成的事》（*The Second Shift: Working Parents amt the Revolution at Home*）。書中指出性別革命之所以尚未完成，一半的原因出在職場結構體系，另一半的原因出在家庭。

過去三十年來，女性意識抬頭，社會型態急遽變遷，女性開始大量投入就業市場，進而從工作中找到屬於自己的成就感。然而，男性對於家務的參與意願卻始終偏低。

這本書出版距今已逾三十年，但當時雙薪家庭的夫妻所面臨到的問題，與現在並無兩異。雖然現今雙薪家庭比例大幅成長，每兩對夫妻就有一對夫妻是雙薪家庭；但共同分攤家務的夫妻比例仍停滯不前，五對中只有一對夫妻會共同參與家務勞動。

就連我也一樣，直到不久前都還是認為「工作賺錢是我的責任，照顧孩子和做家事也是我的責任」。而老公的想法也是一樣，認為「工作賺錢是他的責任，但照顧孩子和做家事只是在幫老婆的忙」。

雖然他會陪孩子玩，也很會做家事，不過僅限於他有空，或是還有體力的時候。大部分的時間裡，都還是由我負責處理家事和照顧孩子。

因此，如果遇到老公和我兩個人同時都需要加班的情況時，低著頭默默離開辦公室下班趕去接小孩的人是我；當孩子生病時，請假在家照顧小孩的人也是我。

將家庭與工作放在天秤的兩端時，我的生活重心偏重在家庭；而先生的重心則比較偏向工作。霍希爾德認為許多雙薪家庭的夫妻，仍處於傳統性別分工觀念及平等意識觀念之間的「過渡期」階段。雖然已經打破了傳統「男主外，女主內」的狹隘觀念，但到目前為止，男女還是無法真正完全平等。

當夫妻關係不平等時，女性很難在職場上發揮原本應有的實力，而男性則是無法在家裡扮演好爸爸的角色。於是，我決定把自己的重心再稍微多放一些在工作上，老公也開始嘗試調整改變，盡量多花些時間留在家裡陪伴孩子。

這樣一來情況就改善許多了，我會因為意識到老公其實也是孩子的爸，對他更敬重；老公也會因為意識到我也是員工，跟他一樣要上班，對我更體貼。當兩個人同時需要加班時，不再是用「爸爸」、「媽媽」的角色來區分責任歸屬；而是以「工作」的急迫性決定誰要加班。兩個人也都下定決心盡量避免加班，有時候真的有忙不完的事情，也會等哄睡孩子之後，再爬起來在家裡加班處理工作。

某一次，剛好遇到我那天要加班，老公正打算要下班去接小孩，結果他們部長突然臨時說要開會。老公說他當時其實有猶豫了一下，但還是鼓起勇氣對主管說：「抱歉，今天輪到我去幼稚園接我兒子下課。」雖然部長接著問：「那他媽媽呢？」老公回：「孩子的媽也要工作，我也是孩子的爸。」說完就直接下班了。

坦白說，聽老公說完這件事後，心裡除了很感謝他之外，同時也替他捏了一把冷汗，心想：「老公應該又黑掉了！」但其實雙薪家庭應該要有更多像老公這樣的爸爸，也應該要有更多的太太支持老公的做法，為他加油打氣：「我老公好帥！」然後好好擁抱老公。

「女性要兼顧工作與家庭並不難，難就難在社會觀點也必須跟著改變才行。站在女性的角度而言，育兒和工作本就不該是二選一的選項，應該要全盤納入生涯規劃中來考量。」

這是女權主義者，同時也是一位社會心理學家貝蒂・傅瑞丹（Betty Friedan）曾說過的話。第一次聽到這句話時差點都想跪下來膜拜，對這句話很有同感。一邊帶孩子一邊工作，不是光靠我一個人就辦得到；而是需要丈夫、家人、職場環境與社會的支持才辦得到。

不過，現在這句話可能需要稍做修正，不只是女性會面臨工作與家庭的課題，男性也會面臨到兼顧工作與家庭的問題，對男性而言，同樣也需要納入全盤的生涯規劃考量。

這個時代育兒不再是女性一個人「單打獨鬥」的事，而是與另一半共同承擔面對，一起兼顧工作與家庭！

媽媽的成長筆記 4

Q：我是否能在各種角色中切換自如？

Q：寫下屬於自己的個人生活守則。

Q：我為什麼希望自己身體健康？

Q：寫下為了保持身體健康，自己可以做到的幾項良好的小習慣。

Q：檢視自己的睡眠狀況，究竟是哪裡出了問題？

Q：要如何才能創造出屬於自己的「媽媽放風時間」？

Q：想趁「媽媽放風時間」做什麼事呢？

Q：有什麼方法可以和老公的關係變得更平等？

第五章

成長的第五門功課　生活

生活越忙碌，要越簡單

今年年初時，曾考慮過搬家這件事。因為明年老大就要上小學了，想讓他擁有一間屬於自己的房間。但現在住的這間房子只有二十四坪，三間房間一間是主臥室、一間是書房、一間是更衣室，想來想去也想不出要怎樣才能再空出一間房間來。

再加上如果老大有自己的房間，老二一定也會吵著要有自己的房間，想說乾脆趁這個時候換一間大一點的房子。但看房子時，喜歡的房子價格貴得嚇人，價格合理的房子又不怎麼中意。某天哄睡完孩子後，和老公兩個人躺在床上邊滑手機邊搜尋房子資料，最後我們兩個人下了同樣的結論——

「不然我們先試著把家裡的空間變大吧！」

在新婚初期時，家裡的東西沒這麼多，房子空間看起來很大。原本還覺得房子很空曠，但孩子出生後，育兒用品、玩具……東西開始越堆越多，多到空間不夠用，就連書房也被當成是倉庫在使用，更衣室裡堆著的衣服比掛在衣櫥內的衣服還多。每次都想說找時間再來好好整理，但常常用忙碌當作藉口，一天拖過一天。

最難收的其實是孩子們的玩具，除了壞掉的玩具之外，幾乎沒什麼可以丟掉的。每次整理完打算丟掉時，看到孩子興高采烈地又拿起來玩的樣子，又會捨不得丟掉，默默地再把玩具放回去。

有時候想趁孩子不注意時，偷偷把玩具拿去丟掉，但孩子們像是裝了雷達偵測器一樣，經常會突如其來地問：「媽咪，我之前常在玩的那台 Pororo 迴力救護車呢？」又只好再把玩具從垃圾袋裡拿出來。

不過現在兩個孩子都長大了比較能溝通，因此決定和孩子們一起動手整理玩具。於是，我們把堆放在陽台的玩具全部放到客廳整理，扣除打算丟掉和捐贈的，還整理出三大袋一百公升特大號垃圾袋的玩具。

既然都開始整理了，便連衣服也一起整理。我把衣櫃裡的衣服全部拿出來，發現很多衣服都已經好久沒穿。本來打算生完孩子恢復身材後再穿，捨不得丟掉還特別整理好。不過，生完孩子後雖然早已恢復到懷孕前的體重，但體型卻回不去了，再加上款式也過時了，每次穿著照完鏡子後，又再把衣服脫掉放回去。因此，趁這次機會，把過去一年來從未穿過的衣服，毫不留戀地一口氣全部丟到舊衣回收箱。

一共花了四個禮拜的時間，一到週末就開始輪流打掃主臥室、書房、更衣室、客廳等家裡的各個角落。終於清出了一個可以擺一張小書桌的空間，堆得快跟孩子的個子一樣高的書本，也終於有地方可以置放了。

其實之前並不是沒有整理過，只是每次打掃的時候，都只是把東西移來移去重新擺放，把原本放在客廳的東西挪到更衣室，再把放在書房的東西搬到陽台去，並沒有做到真正的「斷捨離」。某位前輩就曾經建議我，其實只要抱著搬家整理東西的決心，該留的就留，該丟的就丟，自然就可以讓家裡的空間變大一點。

日常生活似乎也是如此。

就如同隨著孩子年紀的增長，東西開始慢慢變多一樣；結了婚之後，發現自己要扮演的角色越來越多，要做的事情也開始逐項增加。並不是身上多了一種新的角色，就不用管之前舊有角色原本該做的事情，於是身上背負的責任越來越重，要做的事情堆積如山。

穿梭在繁忙的生活中，生活的步調也越來越緊湊，總覺得每天的時間都不夠用。但一天只有二十四小時，不管再怎麼忙，事情永遠忙不完。

因此，必須要換個思維模式。當生活越是忙碌，越是要斷捨離，捨棄那些不重要的事情，盡量讓生活變得簡單一點。

重點管理法則——帕累托法則（Pareto's Law），這項法則又經常被稱為80／20法則，意思是百分之八十的結果，關鍵在於百分之二十的努力付出；反過來說，當我們投入了百分之八十的努力，卻只能帶來百分之二十的結果。因此，必須把大部分的時間精力，集中在真正重要的事情上，而不是百分之八十沒那麼重要的瑣事上。

生命中有些事情很重要，有些則不然，區分出什麼才是真正重要的事情，把焦點聚焦在那些生命中真正重要的事物上，其他不重要的該刪除就刪除掉，留下那些最純粹的重要事物。品牌管理大師阿倫·辛格爾（Alan Siegel）就曾經說過：「越是單純的反而比複雜來得更具吸引力。」

管理待辦事項的要訣

想要讓生活變得簡單純粹，首先必須排出事情的優先順序。每天睡覺前，先想好「明日待辦事項」。只要一想到有哪些事情要做，就把關鍵字輸入在手機備忘錄，再把關鍵字整理成完整的句子，把所有想到的事情全部列出來。

通常會寫下十五到二十項左右，再根據美國前總統德懷特・艾森豪（Dwight Eisenhower）所創立的時間管理法則——「四象限法則」，將事情依照輕重緩急進行ABCD四象限分類。

A象限是緊急且重要的事，B象限是重要但不緊急的事，C象限是緊急但不重要的事，D象限則是不緊急也不重要的事。按照ABCD分類法，排出事情的優先順序。

孩子和公司工作上的事情通常會被我歸類到A象限。對我來說，這些事情是現階段最重要的事情，占據了生活大部分的時間。因此，絕大多數的時間和精力都投入專注在A象限上。

B象限是重要但不緊急的事，像前面提到的「生活守則」就屬於這類的事。例如睡眠、運動、媽媽放風時間、自我成長……等，這些是屬於很重要但並非必須立刻處理的事，而是在生活中一點一滴慢慢累積維持管理的事。

C象限是「雷聲大，雨點小」的事情，例如下班前臨時被交辦任務，丟了一句：「這件事情盡快弄好！」但這類的事情通常屬於C象限，也就是緊急但不重要的事情。當你問：「什麼時候要弄完？」得到的答案往往是：「越快越好！」

這些事情在時間上會給人截止期限的壓迫感，但實際上真正重要的事情卻屈指可數。當發現要處理的事情多到做不完時，更進一步詢問具體什麼時間點內要完成，通常都會再多出幾天的緩衝時間。此外，像是手機跳出的訊息、電子郵件……也都屬於C象限。

D象限則是所謂的「時間小偷」。這些事情不緊急也不重要，就算從生活中刪除了，也不會有太大的影響。

然而，即使像這樣把要做的事情分成ABCD四象限，有時候一天內光是處理A象限裡的事情就處理不完了。這時候就要認真評估，有哪些事情是可以請別人幫忙，不一定非得要親自處理才行。管理學專家——彼得．杜拉克（Peter Drucker）就曾建議可以試著像這樣問自己：「哪些事情是交給其他人做，也能做得跟我一樣好或比我更好的？」

有些事情可以請別人幫忙處理的就可以交給別人，把時間和精力集中在必須親力親為完成的事情上。例如假設昨晚列出來的隔日待辦事項清單裡：

①公司講座流程規劃

②面試

③準備孩子幼稚園慶生會的東西

④下班後帶孩子去公園玩。

好好檢視這些事情中，有哪些事情可以交給其他人代為處理。

老二生日的時候，我想讓孩子帶蛋糕和禮物到幼稚園和同學分享。雖然原本想自己來，但其實這些事情由老公來做也一樣。於是，就請老公下班回家的路上到麵包店訂蛋糕，再到大賣場去挑二十個孩子們喜歡的小玩具當禮物。

像是上網買東西或是準備孩子要帶去幼稚園的物品，這些五分鐘內就可以完成的事情，趁下班回家路上一次處理完，會稍微減輕一些心理壓力。雖然寫報告跟買衛生紙所要耗費的時間和精力不同，但當它們同樣都被列在「今日待辦事項」上時，帶來的心理壓力指數其實是一樣的。

有些事情雖然很瑣碎，不過如果一再往後拖延，每次一想到時就會覺得心裡有壓力。又或者是怕自己會忘記，成天緊張兮兮的，反而會讓生活變得更緊張。

因此，把那些不做也沒關係的事情，果斷地從待辦事項中刪除掉；如果是必須要處理的事情，最好不要拖延，盡可能想到就去做吧！

找到屬於自己的生活節奏

在對的時間點，做對的事情也很重要。因為每個人最有生產力的時間段都不一樣，在生產力高的時間內做重要的事情，也有助於提升工作效率。

像我每天習慣在凌晨五點鐘起床，起床後會先去沖個澡讓自己清醒一下。接著一邊喝著溫開水，一邊工作。有時會在這個時間點發現工作進度落後的癥結點出在哪裡，也會靈光乍現突然想到一些新點子。

快速學習法專家——薇蕾娜．史坦納（Verena Steiner）曾說過，隨著生理時鐘和生活習慣的不同，每個人最有效率能夠保持專注的時間段都不同，正是所謂的「黃金時間」（Prime time）。「黃金時間」顧名思義就是效率最高、狀態最好的時間段，在黃金時間處理重要的事務，能大幅提升工作效率。

依照人類的生理時鐘來看，大多數人的黃金時間落在上午，而我也是如此。每天早上進公司後到上午十一點前，是我精神最好、集中力最高的時間段。因此，我會盡量避免在這個時間內確認郵件或回覆訊息。

當我還沒發現屬於我的黃金時間前，總是習慣一上班就先開信箱收信。然而，確認郵件和回覆郵件並不是需要保持高度專注力的工作，沒有必要在一上班時，生產力最高、狀態最好的時間段裡處理。現在，我大多會趁下午注意力開始沒那麼集中的時候再來處理郵件，只要事先設定重要訊息回覆提醒通知，就不必擔心會忘記。

根據身體狀況隨時調整處理例行性工作的時間，也是一種方法。對職業媽媽來說，下班回到家後就是接著「在家上班」，因為從公司下班後，回到家中就要開始忙著照顧孩子。白天工作體力已經用得差不多，下班回到家後開始展開育兒任務，忙著準備孩子的晚餐、幫孩子洗澡、做家事、哄孩子睡覺，生活節奏快得像是開啟影片快轉模式一樣，忙得不可開交。也因為這樣，許多職業媽媽們都說下班回到家到哄孩子上床睡覺這段時間，是一整天最累的時間段。

問題在於這個時間其實也是一天當中最忙的時段。然而，忙完一整天的工作，回到家也早已精疲力盡，只想好好躺在床上休息，但一想到還有很多事情沒做，壓力自然就來了。再加上這個時間孩子也累了，很容易動不動就無理取鬧耍任性，到最後往往會理智線斷線對孩子發脾氣。明明想趁下班回家後好好陪孩子玩，結果卻換來對孩子大吼大罵的場景，內心很厭惡這樣的自己，陷入無止盡的惡性循環中。

為了打破這樣的惡性循環，我決定依照身體狀況來調整生活模式，改變過往「下班後盡可能陪孩子玩、早上盡可能不慌忙」的生活模式，調整成為「下班後盡可能不慌忙、早上盡可能陪孩子玩」。

於是，一家人的生活作息調整成早睡早起模式。回到家後累了就休息，讓身體充飽電，隔天起床再好好陪孩子玩。

以前每次下班時，我都會在心裡想說：「一整天上班沒能陪在孩子身邊，回到家後一定要好好陪他們玩，但玩什麼好呢？」不過自從一家人的生活作息改變成「晨間模式」後，就變成躺在床上睡覺時會和孩子一起討論：「我們明天早上起床後玩什麼好呢？」

像這樣調整生活模式後，雖然和孩子相處的時間並沒有增加，但和孩子在一起時比較不會那麼累，也比較不容易發脾氣。不像之前下班回到家時，心裡想陪孩子玩，但身體卻不堪負荷。即使勉強打起精神陪孩子玩，也總是心有餘而力不足。抱著孩子好好睡個覺，隔天早上再一起迎接新的早晨，才有更多體力陪孩子玩，給孩子有品質的陪伴。

時間管理專家——蘿拉・范德康（Laura Vanderkam）曾說過：「時間是彈性的。」每個人一天都一樣只有二十四小時，我們無法創造出更多時間，但卻可以充分運用時間。時間其實就是一種選擇，什麼時間該做什麼事情，決定權掌握在自己手裡。

只要盡力，就是完美

「呱～呱～呱呱呱，醜小鴨呀醜小鴨，腿兒短短腳掌大，長長脖子扁嘴巴。」一邊唱歌一邊跳舞的老二突然停了下來，這已經是第三次了，即使鼓勵她說：「妳唱得很好啊！繼續唱啊！」她還是一樣很堅持地說：「不要！我要重新再來一次！」

比起同年齡的孩子，老二算是比較慢學會走路，也比較慢學會開口說話，但等到她一開口說話，講出來的就是一串完整的句子。原本以為她是屬於「大隻雞慢啼」的類型，不過去年年底在幼稚園家長座談會上和老師聊天時，老師提到了一件有趣的事情。

「小潔很喜歡動手做勞作，常常都會自己在旁邊練習。但每次做完勞作，唯獨看不到小潔的作品，明明看到她也有動手做勞作。我心裡面覺得很奇怪，於是在旁邊偷偷觀察，才發現原來她每次做完勞作後，因為不滿意自己的作品，就會默默地拿去垃圾桶丟掉。」

老師說她發現老二似乎有強烈的完美主義傾向，這點其實我也有注意到，有別於老大愛表演的個性，學到什麼馬上就想表演給大家看，老二的個性比較小心謹慎，不管學什麼都要再三練習過後，等到她比較有自信時，才會願意表現，自尊心很強，不喜歡在別人面前出糗。

老公每次看到小潔這個樣子，都會說：「這孩子簡直跟妳一模一樣！」

凡事都想做到最好，不做則已，一做就一定要做到一百分，不允許自己失敗。

雖然這樣的完美主義經常會讓自己壓力很大，但一方面又覺得壓力才是成長的動力。當越想做到更好，就更拚命努力，認為只要努力就一定可以做得更好。

這樣其實沒有不好，不管是學生時期的我，還是身為員工的我，都是因為努力才能夠創造出一定的成果。就連專家們也說，對完美主義者而言，成就感是幫助他們前進的動力。然而，在當了媽的那一刻，我的完美主義就立刻踢到鐵板了，因為媽媽和員工這兩種角色是衝突的，不可能同時達到完美境界。

每個媽媽都一定經歷這樣的心路歷程，會覺得「媽媽」這個角色，不是光靠努力就能做得好。這個角色很偉大，責任又是如此重大。要想同時兼顧媽媽和其他原本的既有角色，幾乎是一件不可能的任務。儘管如此，大多數的媽媽們都想扮演好身上所背負的各種角色，於是拚了命努力，希望做到更好。

我也是如此，但也不禁感到懷疑。

「我為什麼要把自己搞得這麼累？」

答案只有一個──為了追求完美，要求自己不斷地努力。會想說既然都已經決定要一面帶小孩一面工作，就希望自己能面面俱到盡力做到最好。但當目標設定得太高，一旦無法達成目標時，失落感和挫折感就會更大。期待越大，失望就越大，這是完美主義帶來的反效果。

其實並不是對自己失望，而是對無法達到目標感到失望。有句流行語是這麼說的：「沒有最好，只有更好！」人總是不斷地想超越自我，但又因為無法達成遙不可及的理想目標，因而陷入自責的情緒中。並不是自己不夠好，而是因為凡事要求盡善盡美，才讓自己感到痛苦。

人生導師喬恩．阿卡夫（John Acuff）曾說過：「想要達成目標，更努力並不是答案；丟掉綁手綁腳的完美主義，接受不完美，我們才能繼續前進。」

一直以來很敬重的某位公司前輩，某天突然遞出辭呈決定辭職。他在工作上一直都比別人還要認真，實在想不透他為何要離職，於是詢問他辭職的原因。

「我不想再做了！」

因為「職業倦怠」的關係，所以決定辭職。

阿卡夫認為如果一開始就把目標設定得太遙不可及，卻發現再怎麼努力也無法達成目標，很容易就會產生「倦怠感」。一旦陷入倦怠症候群時，就很難再恢復熱情。因此，必須在倦怠出現前，先阻止這件事發生。

「訂完目標記得先砍一半！」

為此，阿卡夫提出了「把目標砍半」的建議。他在網路上進行一項三十天挑戰的影音課程「三十天目標速成」（30 Days of Hustle），參與者各自設定三十天內想達成的目標後，再把挑戰的過程錄下來放到網路上。但在挑戰進行到第九天時，他建議參與者們把目標砍半，結果發現，把目標砍半的參與者，比過去曾經設定類似目標但卻沒有將目標砍半的參與者，其完成率高出了百分之六十三。

此外，那些把目標砍半的參與者們，目標達成率高達百分之九十。當目標設定得越是遙不可及，越是容易中途放棄。然而，當把標準降低時，反而更有動力朝目標前進，達成目標的機率也就自然大幅提升。

其實，光是察覺到自己有完美主義的傾向也有幫助，會明白並不是因為自己不夠好、不夠努力才無法達成目標，而是因為自己是完美主義者，一開始設定得目標就太過遙不可及。這樣一來，就能夠接受是因為自己的完美主義才會導致期望落差，而不是因為自己真的很差勁。

對我來說，當我接受自己是完美主義者這個事實後，心情頓時輕鬆不少。

雖然也曾按照阿卡夫的建議，試著把目標砍半，但卻沒這麼容易做到。不過，即使還是跟以前一樣把目標設定得很高，就算最後只達成一半，也不會像之前一樣陷入自責。還是很喜歡當設定遠大目標時，想像自己達成目標時那種悸動的感覺，不過縱使無法達成目標，也決定對自己寬容一些。

「凡事盡力就好，盡力就是完美！」這不是一種自我安慰，而是事實就是如此。

別浪費時間做無謂的擔心

完美主義者的另一個負面影響是：開始障礙。因為完美主義者通常會在有某種程度的自信後，才會願意開始。

都說隨著孩子年紀的增長，媽媽身邊的交友圈也會跟著改變。老大今年七歲，因此我身邊大部分的朋友也都是有七歲孩子的媽居多。只要和她們見面，經常會就會談到明年孩子上小學的話題，尤其是同樣都在上班的職業媽媽們，對孩子上小學這件事都會特別煩惱。因為孩子上小學後，要準備的東西更多，再加上要開始注意的事情也越來越多，會擔心自己到底還有沒有辦法再繼續工作。

「妳明年還打算再繼續上班嗎？」

聊到最後，大家通常會問彼此這個問題。有不少媽媽們心裡已經打定主意要辭職，也有很多媽媽們在決定重返職場時，就已經想好「做到孩子上小學之前就好」。我其實也有同樣的煩惱，如果換做是以前，我可能會回答：「不知道耶！我可能會辭職吧？」不過，最近我的答案卻是：「船到橋頭自然直，打算先繼續工作看看再說！」

一邊帶孩子一邊工作，不管打算做什麼，考慮猶豫的時間都會拉長。既然現在已經跨出最困難的第一步重返職場了，就想說走一步算一步，遇到困難再解決就好。

韓國藝術品拍賣網站——K Auction 中美南代表曾說過：「人生要以演繹的方式來活。」以思維邏輯層面來說，大致上可以分成「由因溯果的歸納式思維」和「由果溯因的演繹式思維」兩種思考模式。當我們習慣以歸納式的方式思考，很容易會把重點擺在「問題」上；然而，當思考邏輯轉換成演繹式思維時，焦點會擺在「機會」上。「先把問題解決後再開始」是屬於歸納式思維邏輯，而「先開始遇到問題後再解決」則屬於演繹式思維邏輯。

當我們以歸納性思維來面對人生時，很容易就會陷入莫名的擔心。

「萬一要是真的發生了該怎麼辦？」

「會如預期中那麼順利嗎？」

如果事先對某件事情太過擔心的話，就會花很多時間在想辦法解決問題上。倘若想不出解決辦法，擔心的時間就會拉得更長。會希望等準備更充分後再開始，也因此會更晚才開始。

但當了媽之後，其實很多時候根本沒有時間擔心，遇到問題就必須立刻解決。在還沒做好充分準備之前，就得硬著頭皮上場打仗。雖然因為沒有做好準備，心裡會感到擔心害怕，但也因為已經開始了，心情上反而比較輕鬆，行動也比較果斷迅速。

必須先放下無謂的擔心，所謂的「準備」很多時候其實也只是一種美其名的「擔心」而已。根據問卷調查，我們所擔心的事情有百分之四十是根本不會發生的事，百分之三十是過去的事；百分之十二是和自己無關的事；百分之十是不管真的也好想像也好，是與疾病有關的事；只有百分之四是真的值得擔心的事。

結果到最後，我們為了這區區的百分之四，花了很多時間做準備。因此，沒必要花太多時間在無謂的擔心上，一旦先開始再說，遇到問題再來解決，會是比較有效率的作法。

當然，「擔心」和「準備」在本質上還是有所不同的。如果是事前能準備的部分，也必須先做好準備。

「不知道孩子上小學後能適應學校生活嗎？」

與其擔心，倒不如先了解有哪些是小學一年級時必須養成的生活習慣，再讓孩子從現在起開始慢慢練習。

「如果被同學霸凌該怎麼辦？」

「萬一孩子不喜歡上學該怎麼辦？」

「我要上班，孩子上學後會不會還要跟孩子經過一段磨合期？」

像這些就是無謂的擔心。人生事事難預料，世界上沒有一件事情是可以事先預測到的，也不會每一件事情都如預期發生。就算再完美的準備，也不可能真的完美。

某位過來人媽媽，今年孩子剛上小學。去年這時候，她也曾不停擔心：「不知道孩子上小學後會怎樣？」不久前遇到她時，臉上的表情豁然開朗許多。她說孩子很適應學校生活，她和孩子班上同學的媽媽們也相處融洽。

「之前真的是瞎操心，擔心的那些事情根本沒發生！」

她的話一點也沒錯，根本沒必要瞎操心。先嘗試去做，等到真的遇到問題後再來解決就好。這是愛惜自己，也是一種愛惜時間的方法。

試著對主管要求不再來者不拒

我經常有機會和大學剛畢業的實習生一起工作。每次遇到剛進來的實習生，在還沒熟悉他們的個性前，我通常會問很多問題。為了更清楚他們的優勢在哪裡，我會指派各種不同的任務給他們，並問他們是否有辦法勝任？大部分問完這個問題後，得到的答案都是他們大聲地回答：「可以！」於是，我會接著繼續問：「真的可以嗎？」

我之所以會這麼問，並不是質疑他們的能力，是擔心他們會覺得上面交辦的任務必須聽話照做，所以就無條件予以肯定式的回答。當我再次問的時候，雖然大多數的人還是會回答：「可以！」但如果他們臉上露出一絲絲猶豫的表情時，我就會再重新跟他們說明解釋。

「這項工作不是一定非得接下來不可，有時候可能你原本的事情就很多了，再接這項工作或許會超出負荷，交給其他人可能會更適合也說不定。沒必要每件事情都攬在自己身上，我會問你可不可以，是發自內心真的想問你是否有辦法做到，而不是客套式的問。」

通常有一半的人聽完後會改變心意。

一開始和實習生們一起工作，看到他們不管主管交辦什麼任務，都毫不猶豫地回答「好」時，心裡其實很感動。很喜歡看到年輕人剛進職場時那種熱血沸騰的樣子。但後來才明白，原來是我誤會了。事實上，大多數的時候，他們之所以會無條件地回答「好」，只是因為他們不懂得拒絕而已。

對於來自主管、公司的要求，一律來者不拒回答好的人，通常我們會稱這種人是「好咖」。這也是公司確認員工忠誠度的一項指標，在公司裡越是好咖的人，越容易獲得主管賞識，這也是為什麼實習生們總是會大聲回答「好」的緣故。

我也是如此。為了證明自己的能力，很多時候會逞強回答：「我可以！」從進公司以來一直都是如此，尤其是生完孩子重返職場後，更是習慣逞強。

剛進公司時其實什麼都不會，但很想趕快學會些什麼，所以不管主管交辦任何任務都想嘗試看看。憑著初生之犢不畏虎的勇氣，凡事都說「可以」，或許當時主管們也都不相信我是真的可以，只是欣賞我的這份勇氣才誇獎我，這段過程對我來說也是一種學習的經驗。

生完孩子重返職場後，因為沒辦法再像過去一樣，靠「比誰在辦公室待的時間更久」的方式來證明自己的忠誠度，因此會更急於用結果來證明自己的實力。基於這個原因，每次主管交辦任務時，我總是會急著大聲回答：「沒問題！我可以！」

然而，對於身為工作邁入第十四年的老鳥來說，跟剛進公司菜鳥時期不同，當回答「我可以」時，身上要背負的責任和壓力更大，失敗時所遭遇的打擊也更龐大。

再加上不管大事小事全部接下來，把工作都攬在自己身上後，等到真正的機會來臨時，卻因為自己手頭上的工作太多，反而錯過更好的表現機會。以為「積少成多、聚沙成塔」，但到最後卻功虧一簣，努力後換來的評價卻是：「我知道妳很認真，但結果卻不如預期。」

因此，後來我決定不再凡事說「好」。坦白說，一開始要這麼做並不容易。對職場女性來說，對上司說「不」是一項艱難的挑戰，必須經過內心的一番糾結掙扎。此外，也會擔心萬一拒絕了，別人會覺得「當了媽之後工作態度就變得很消極」，一想到這點更是難以開口拒絕。然而，要是貿然接下工作，到最後卻沒辦法搞定，帶來的負面影響反而更大。

在《哈佛時間管理課》這本書中作者曾提到一項觀點，雖然對主管的要求百分之百照單全收，可以在短時間內博得主管的好感，但這麼做並不會讓你獲得升遷機會。

要記得在職場上凡事說好，並不是保證升遷的管道。雖然主管們可能會認為聽話照做的人很好使喚，身邊必須要有這種得力助手，然而。在評估升遷人選時，他們並不會讓這樣的人升職。

雖然心裡覺得很不公平，但在那之後，每次接到新的任務時，我不再問自己：「我可以接下這份工作嗎？」而是會問自己：「從這份工作中我可以學到什麼？」當問的問題不一樣，答案自然也就不同了。之前回答「可以」的，可能會改說「不行」；原本拒絕說「不行」的工作，也可能會變成說「可以」。

公司一年有兩次人事考核，打考績的第一關是自我考評，也就是自己給自己打分數。這部分主要分成兩項，第一項是日常工作，占了百分之六十；第二項是創新改革，占了百分之四十。照這個標準來看，或許也意謂著上司交辦的任務不需要百分之百照單全收，只要百分之六十的部分說「好」就好。這樣一來，才能創造出百分之四十創新改革的機會。

抓住時間的小偷

某次，一位律師好友邀請我去她家。她年紀大約四十多歲，是個單身貴族，興趣是打鼓。到她家時，我看到她在廚房水槽前面架設了隔音板，於是便問她這樣煮飯不會很不方便嗎？她卻說她在家裡從不開伙。

三餐都外食完全不下廚嗎？我聽完很訝異。她說她平常中午會跟同事出去吃飯，早餐和晚餐就在社區附近的店解決。本來剛開始一個人搬出來外面住時，她也曾經試著自己煮過幾次飯，但後來發現一人份的食材不好準備，算起來費用並沒有比較省，而且又很花時間。再加上每次吃不完只好倒掉，覺得這樣實在太浪費，後來乾脆選擇外食，反而省事又方便。

此外，因為工作性質的緣故，她經常需要留在公司加班，即使週末假日也有工作要忙，時間根本不夠用，工作壓力很大……就連每天想花一兩個小時打鼓，也擠不出時間來，所以她才會決定不在家裡煮飯。打開她家冰箱，裡面也只有礦泉水和水果而已，家裡面連一粒米都沒有。雖然這樣看起來有點誇張，但為了能擠出更多時間，這麼做似乎也很合理。

我身邊也有朋友為了節省時間，決定再也不去大賣場買東西。她說之前只要一到週末，就會和家人一起去賣場逛街。但後來發現逛街閒晃的時間，比真正買東西花的時間更多，再加上孩子年紀還小，每次經過玩具區都要上演一場親子大戰。有時候遇到打折特價時，明明本來沒有打算要買的東西，也會莫名其妙就放入購物車內結帳。

除了逛街的時間之外，買回來的東西也要花時間擺放整理，接著之後還要再另外花時間把其實根本就用不到的東西丟掉，算一算實在花了太多時間在上面。

因此，她後來決定不再去大賣場，而是下班回家後在家門口的小超市採買隔天煮飯的食材。因為是下班晚上的時間買菜，常常會遇到清倉特價的商品，而且小超市大部分都是小包裝份量居多，價格相對比較經濟實惠。此外，因為採買的份量比較少，到家後也不用花太多時間整理，反而輕鬆許多。

而我節省時間的方式是不看電視。從老大出生後的那天，家裡就再也沒擺電視機了。雖然一部分的原因是不想讓孩子看電視，但更重要的是希望自己帶孩子時不要看電視。

因為我很喜歡看連續劇，結束了忙碌的一天，一到晚上十點坐在沙發上看電視，是我的一大樂趣。但孩子常常會睡到一半忽然醒來，如果晚上十點連續劇看到一半突然被打斷，必須回房間繼續哄睡孩子的話，我想我心裡一定會很不開心。

再加上我只要一無聊就會想打開電視來看，如果我常常看電視，想必孩子之後也一定會跟著喜歡看電視。因此，才會決定孩子出生後家裡不擺電視。自從家裡沒了電視機後，平日裡可運用的時間多了一小時，假日不必坐在電視機前面，也多出了五到六小時左右的時間。

小說家金英荷女士曾說過，如果說二十世紀最可怕的時間小偷是電視的話，那麼二十一世紀最可怕的時間小偷，非智慧型手機莫屬。上下班通勤路上，最先拿在手裡的是手機；搭地鐵時，通常不是滑手機就是在睡覺，幾乎是手機不離身。

一拿起手機，就習慣先看FB、IG好友動態，因為透過這些社群媒體，可以看到久未見面的朋友的近況，不自覺就會花很多時間在這上面。但一旦開始養成這個習慣，就很難戒掉了，常常一滑就是三十分鐘，甚至是一小時跑不掉，稱它是「時間小偷」一點也不為過。

雖然只有上下班搭車時會滑手機，下車時就會把手機收起來；但每天睡覺躺在床上時，只要又開始滑手機看FB，不知不覺馬上就十二點、一點了。就連明明睡眠不足的人，也喜歡睡覺前躺在床上滑手機。光是把滑手機的時間省下來，就可以多出很多睡眠時間。FB這類的社群媒體，其實也可以算是一種「睡眠殺手」。

LINE訊息也一樣，除了跟工作有關的聊天群組外，包含和好友維繫情感用的群組在內，加一加算起來也有二十三個。訊息通知鈴聲每天響個不停，其實大部分的訊息根本不需要急著馬上回覆，有時候累積後再一次處理也可以，甚至有的訊息連回覆都沒回覆到，也不會造成太大問題。

因此，我後來決定只開啟工作和家人的聊天訊息通知，其餘的通通關掉。

當時間越是不夠用，越是要抓住這些時間小偷們，為自己爭取更多時間。

對我來說，電視和滑手機就是我的時間小偷；對律師好友而言，煮飯是她的時間小偷；而逛大賣場買東西，就是另一位好友的時間小偷。根據每個人心目中對那件事情的看法和優先順序不同，時間小偷也會跟著不同。

抓到時間小偷後，把占據時間最多的那隻小偷抓起來，徹底地把它從生活中移除吧！

假如只多出十分鐘、二十分鐘的時間，並不會有太大的感覺；但如果抓到的是占據時間最多、最大隻的小偷，把它從生活中移除的話，就會多出很多時間可以靈活運用，生活也會變得輕鬆自在許多。

輕鬆比乾淨更重要

平常下班後，回到家裡主要有兩項任務：育兒和家務事。以優先順序來說，育兒又比家務事更重要。如果下班後希望有更多時間好好陪伴孩子，做家事的時間相對就會減少。因此，在我們家做家事的兩大原則就是：盡量少做家事、盡量全家人一起動手做家事。

其實這是和老公冷戰過後，所訂下的家事原則。原本在育嬰假期間內，家事大部分都是由我負責。根據經濟合作與發展組織（OECD）的統計，韓國是發達國家中工作時間最長的國家，而我老公也是忙碌的上班族之一。我自己是上班族，所以知道職場生活的壓力有多大。因此育嬰假期間內，即使老公沒辦法幫忙照顧孩子和做家事，心裡再怎麼埋怨，一想到他工作這麼忙，想想也就算了。

直到我重返職場後，問題才開始慢慢浮現。休育嬰假時，雖然一個人要帶孩子又要處理家事很累，不過勉強還撐得過去；但回公司上班後，我也跟老公一樣，每天忙得昏天暗地。

二〇一六年首爾市現代婦女基金會，曾針對「二〇一四年國民生活作息時間調查報告」進行資料研究分析。根據已婚男女全日制有償勞動工作時數調查結果顯示，已婚男性一天平均工作時間是四百一十二分鐘，已婚女性的工作時間則為三百四十九分鐘。在無償勞動的部分（即指育兒和家務勞動工作），男性一天平均耗費的時間是六十二分鐘，女性則高達一九十八分鐘。換句話說，無論是有償或無償的勞動工作，兩邊加起來一共所需的時間，男性是四百七十四分鐘，女性則是五百四十七分鐘。

結論是，雙薪家庭的女性比男性，平均每天要多花七十三分鐘在工作上，換算下來也就是一小時又十三分鐘。

再加上帶孩子不只是身體上的勞動而已，還需要花費很大的心力和精神。即使在公司上班，心裡面也還是掛念著孩子，沒辦法完全放下不管。因此，一邊工作一邊帶孩子，除了體力上的消耗外，心理上的壓力也遠比老公要大得多。

當開始出現這種心理不平衡的比較心態後，夫妻很容易就會產生口角。爭執著「誰比較累、誰才更辛苦」，你一言我一句吵個沒完沒了，但這樣的爭執是很無謂的。因為在這個競爭激烈的社會中，哪一個上班族不累不辛苦的？兩個人其實都一樣很累、很辛苦。

不管是老公還是我，我們都是OECD會員國當中工時最長國家的勞工。這個年代的父母也比以前的父母還要難當，大家都在關注你怎麼帶孩子，每天戰戰兢兢地像是在打仗一樣。因此，在和老公進行家事分工之前，我們找到了可以讓兩個人「不用那麼累」的方法。那就是減少家事工作量，把家事工作量降到最低。

不一定要自己親自動手做的，就「外包」交給別人做。家裡也添購了洗碗機和洗脫烘式的洗衣機，瞬間解決了洗碗和洗衣曬衣的問題。孩子們吃的東西都還是盡量自己動手做，或是請保母幫忙。而老公和我要吃的東西，則是上網訂購外送服務，有時候娘家媽媽和婆婆也會幫忙另外準備一些小菜，讓我們打包帶回家。

我們也決定不把打造美好的居住空間當成目標，而是把家當成一個可以輕鬆自在休息的地方。平常上班的時候，主要的家事是煮飯；打掃和洗衣服就盡量累積到週末假日再一起做。不過，雖然訂了家事的大方向原則，實際操作時還是會遇到困難。

因為孩子年紀還小，經常吃東西掉滿地，玩具也總是丟得到處都是，就算想睜一隻眼閉一隻眼放寬「需要打掃」的標準，但常常不是在客廳走一走就踩到餅乾屑，就是睡覺躺在床上時不小心壓到發出嗶嗶聲的玩具，實在無法等到假日再來打掃。

因此，後來我們想出了一個方法，那就是「全家一起打掃」。從晚上九點開始，花二十分鐘的時間，全家人一起動手整理家裡。孩子們和老公負責收拾玩具，我則是拿濕紙巾擦拭地板。即使家裡像是被轟炸過一樣亂七八糟的，只要全家人一起打掃，短短二十分鐘也能收拾得乾淨溜溜。

此外，像這樣訂好固定的打掃時間，也比較會去整理那些平常不大打掃到的地方。之前每次一想到要大掃除，就會覺得很頭痛，但換個方式，每天只要花二十分鐘打掃，減少家事勞動的負擔，心情也比較輕鬆。

孩子們也一樣很開心，再也不用聽到爸爸媽媽每天跟在屁股後面碎碎念說：「把玩具收好！不然你就不要玩了！」而是能夠盡情地玩玩具，玩完之後再跟爸媽一起收拾整理。

多虧這個方法，之後每次只要看到家裡亂七八糟時，默默喃喃自語地說：「天啊！這要收到什麼時候才收得完啊？」時，孩子們就會一副很理所當然地跟我說：「媽媽不用擔心啦！我們再一起幫忙收就好了啊！」

某個網站上曾經做過家事問卷調查，其中一項問題是：「為什麼覺得做家事是很累的事？」回答「感覺怎麼做都做不完」選項的人最多。也有人說：「做家事就像掃雪一樣，邊掃邊下雪，怎麼掃都不掃不完。」

沒錯！家事永遠都不會有做完的一天。因此，只要固定時間整理完畢就好，不需要天天勞心費神，就能減少家事壓力。

媽媽的成長筆記 5

Q：請試著把每天的例行公事，依照時間管理法則排出ABCD先後順序。

Q：一天中，專注度最高的時間是何時？在這個時間內，做什麼事情最有效率？

Q：今天要做的這些事情當中，有沒有哪些事情是可以請別人代為處理的？

Q：每天的生活是忙碌而充實的？還是庸庸碌碌不知為何而忙？

Q：我會希望自己哪些地方能夠做得更完美？

Q：我現在正在擔心什麼事情？

Q：有哪些事情是心裡面很想拒絕說「不」，但最後卻回答了「好」？

Q：哪些事情是我的時間小偷？

Q：替家裡訂定打掃時間吧！

第六章

成長的第六門功課　心靈

退一步，看得更清楚

孩子慢慢長大後，看著孩子背影的時間也越來越多了。當他們還不會走路時，總是抱在懷裡；等到開始學會走路後，便牽著他們的手一起走。如今，孩子都長大了，有時候一說要跟他們牽手就立刻跑開，即使在後面大聲嚷嚷著叫他們等等我，也總是停下來沒幾秒又馬上跑走。

一開始其實也會擔心萬一孩子跑步跌倒了怎麼辦？如果突然有車子衝出來怎麼辦？但這樣的擔心也只是短暫的，因為過沒多久，就看到孩子已經學會了過馬路前先停下來，左看看右看看之後，再舉起小手等大人走過來牽著他們一起過馬路。看到孩子這副模樣，不禁感嘆著孩子真的長大了。總覺得他們還只是「小 Baby」而已，但望著孩子的背影，才發現原來他們已經是不折不扣的「小大人」了。

我其實算是不大會對孩子發脾氣的人，不過有時也會常常忍不住想發飆。每次快要對孩子動怒時，我會在心裡面問自己：「假如今天對象換做是姪子，我還會這麼生氣嗎？」

大部分的時候，如果對象換做是姪子時，通常都會想說：「算了，沒關係啦！小孩子嘛！」會試著理解然後選擇原諒。不過我可能還是會作勢輕輕敲一下他的頭，告訴他：「小子！下次不可以再這樣囉！」就輕描淡寫地帶過了。

每個人對自己的孩子會比較容易生氣，也比較難開口說出讚美的話。然而，當退一步把孩子當成是別人家的孩子看待時，反而會比較有耐心，讚美的話也比較容易說出口。

不只是對孩子，對自己也是一樣。幾年前公司人事考評，在進行自我考核前，部門主管寄給所有人一封信，叮嚀大家要以自己這六個月以來實際工作表現成果來為自己打卡績，不要太過高估自己，但也不要低估了自己，站在別人的角度看自己，客觀地幫自己打考績。

和部門同事們吃飯聊天時，剛好聊到主管寄來的這封信，大家開玩笑互相揶揄地問說：「那你覺得我看起來像幾級？」大家你一言我一句的，卻沒有人正面回答這個問題，於是有人改問：「那你們覺得誰的評等應該是最高的？」

我認為部門剛進來的新同事應該獲得最高的評等，因為每一件交辦給他的任務，他都相當積極認真。再加上他是一個很有想法的人，很多時候他在工作上提出來的點子，也都有很不錯的成果，我想大家應該也都是這麼認為的。

部門同事有一半的人想法跟我一樣，把票投給了新同事；但另一半的人卻覺得是我。這結果實在出乎我意料之外，因為我認為我應該介於中等而已。

「我嗎？」驚訝地反問後，同事們卻一副理所當然地回答：「妳表現得那麼好，本來就當之無愧啊！」

杯子裡面裝了半杯水，正面積極的人看到這半杯水，會樂觀地說：「哇！杯子裡面還有半杯水耶！」但負面消極的人看到半杯水時，卻會悲觀地說：「杯子裡只剩半杯水了！」

同樣的道理，看別人時會先看到別人做到的部分；看自己時卻會先看到自己沒做到的部分。同事們眼裡看到的，是我杯子裡面已經裝滿水的部分，也就是看到我實際上的工作表現成果。但我看到的，卻是我杯子裡面還沒裝滿水的部分，認為自己「應該要再努力一點」！覺得自己還不夠好。

因此，我決定以不一樣的觀點來評價自己，也就是退一步站在別人的角度來看自己。不是先看到我沒做到的，而是去看到我已經做到的部分，為自己打氣加油，讓自己更有動力再繼續前進！

其實不光是我會這樣，大部分的女性們也都有這個傾向，凡事會先看到自己的缺點，認為自己做得還不夠多、還不夠好。

組織心理學家——班恩．戴特納（Ben Dattner）曾說過：「女性的自我價值感相對較為低落，她們通常會低估自己的表現，對自己的評價往往會比別人對她們的評價更低。」

謙虛固然是種美德，但過分的謙虛卻會造成自我價值感低落。

過去公司進行人事考核時，實際上最後我獲得的考評等級，都比我原本預期的更高。以五等級評分標準而言，當我覺得自己應該是介於中間的三等級時，主管幫我打的考績卻是更高一階的二等級；當我認為自己這一期表現真的很差，給了自己四等級時，卻獲得了三等級。一方面很感謝主管對我的評價這麼高，但從另一方面來看，這也意謂著我對自己的評價過低。

有時候，稍微需要「自我感覺良好」一些，即使心裡會覺得有點不好意思，但幫自己打分數時，偶爾也要試著把分數打高一點。今年上半年度打考績時，我幫自己打的評等比原本心裡面所想的再高一階，結果也拿到了同樣的評等。

在那之後，每當我又開始懷疑自己是不是做得不夠好時，我會想起那天和同事吃飯聊天的事。這世界上對我最嚴格的人，原來是我自己。於是，我會退一步對自己說：「妳其實比妳想像的做得還要更好！」

允許自己「一日三過」

在韓國流傳著這樣一句俗語：「教會越多，犯罪率越高。」實際上，根據統計資料顯示，教會數量越多的城市，犯罪率也確實相對偏高。

雖然單純以數據資料來看，的確可以解釋成如此，但這樣的解讀卻是有誤的。並不是因為教會數量越多，犯罪率越高，而是因為人口數量多，教會數量才會多，相較於其他城市，犯罪率才會相對偏高。

套用到「出包」這件事也一樣。當了媽之後，總覺得自己似乎一直在「出包」。尤其是重返職場後，每天忙得手忙腳亂，更是覺得自己經常有疏失，心裡面會自責，認為是因為自己做得不夠好，所以才會老是犯錯。

「妳以前明明不會這樣啊！怎麼當了媽後老是出差錯？一定是還不夠認真，打起精神來吧！」

即使握緊拳頭，在心裡下定決心不要再出包了，但結果還是一樣。並不是因為我不夠好、不夠認真才會出包，而是因為身上背負的責任越來越重，要做的事情越來越多，才會導致忙中有錯。事務性工作繁雜，做事難免會出紕漏。

不做事就不會出錯，會出錯就表示有在做事。在工作繁忙時，不是把發條上緊，逼自己再更努力認真，而是稍微對自己寬容一些，允許自己偶爾的疏失，或許反而是一種更好的選項。

其實犯錯只是因為怕被別人發現自己做得不夠好的地方，會覺得很丟臉而已。遇到重要的事情反而不容易犯錯，也很少會因為一些微不足道的疏失，而造成嚴重的損失。

某個前輩曾說過，自己犯錯就覺得自己好像「罪該萬死」，但別人犯錯時，反而會覺得這樣的他比較「像個人」，比較不會覺得這個人像神一樣高不可攀，會讓人比較願意和他親近。

必須讓自己從「不允許自己犯任何一點錯誤」的完美主義強迫症跳脫出來，以我來說，我也開始試著練習允許自己「一日三過」。光是一天內就可能「出包」三次，像是明明已經上網買了老公的襯衫，結果忘記自己已經買了又再重複訂購；或是做涼拌菠菜時，明明應該放鹽卻放成糖；更可怕的是寄給主管們的群發信件，卻忘了夾帶附件檔案。

換做是以前，我可能會在心裡責備自己：「天啊！我怎麼會犯這麼愚蠢的錯誤？」

但現在比較不會了（雖然最後一項錯誤到現在想起來還是會冒冷汗），會願意擁抱接納自己的錯誤，安慰自己：「本來就有可能會犯錯嘛！」

像這樣允許自己「一日三過」的方式，對我很有幫助，主要有三大好處。

首先，第一個好處是比較不會過度緊張。有時候越緊張反而更容易出錯，就像用雙手捨沙一樣，手握得越緊，從指縫中流掉的沙子越多；越是不想犯錯，越是容易犯錯。當不再緊握雙手，而是用手輕輕捧著沙子，才能留住更多沙子。

現在也比較懂得轉念思考。當手機簡訊連續傳來兩封襯衫到貨通知時，雖然知道是自己訂錯了，但會試著轉念想說反正襯衫是消耗品，可以先買回來放著囤貨也無妨。

再來，第二個好處是會馬上處理問題。當允許自己犯錯時，比較不會一直沉浸在自責的情緒中，不會急於檢討自己到底「為什麼」犯這種愚蠢的錯誤？而是會積極處理解決問題。

當發現寄給高層主管們的群發信件忘了夾帶附件時，一開始心裡也驚了一下，不過並沒有花太多時間在自責懊悔上，又立刻趕緊寫了一封標題為「更正」的郵件，夾帶檔案後重新發送。因為時間並沒有隔太久，很多人都還沒打開原本發錯的那封信。

第三個好處是，當不再過於苛責自己，能以正向的態度看待自己的疏失時，周遭身旁的人也會比較輕鬆自在。

「媽媽不小心把涼拌菠菜做成不一樣的口味了！」以自嘲的口吻告訴大家做涼拌菠菜時，原本要放鹽巴結果不小心放錯放成糖，孩子們聽完後還開心地說：「哇！太棒了！那這樣菠菜就會變成甜甜的耶！」

兩個孩子甚至還吵著自己要吃比較多，雖然真正端上餐桌時兩個人就都不吃了，不過對於原本就不大愛吃菠菜的孩子們來說，終於有正當的理由不用吃菠菜，也不是件壞事。而老公則是笑著加了辣椒醬，把它當成「韓式菠菜拌飯」來吃。

大家之所以可以這樣一笑置之，是因為我先以輕鬆的態度看待自己的錯誤。再加上當願意坦然接納自己的錯誤，之後想起這件事時，會先想起當時是怎麼解決這件事的，而不是想起自己犯了什麼錯。不再像過去總是先想起自己犯的錯不斷自責，為能夠以寬容的心包容錯誤的自己感到驕傲。

猶記得剛進公司時，身為菜鳥的我，成天提心吊膽的，總是很擔心自己會犯錯，當時部長對我說了這句話：「不必怕犯錯，錯了再改就好。」

沒錯！只要是人都會犯錯，給自己一些犯錯的空間，允許自己犯錯，錯了再改過來就好。

「引爆點」來臨時，該如何面對？

職業媽媽們有一種「魔咒」，每次孩子生病時，工作就偏偏特別忙；或是當工作特別忙時，就遇到孩子生病。如果連老公剛好也忙得抽不開身，就真的是屋漏偏逢連夜雨，實在令人欲哭無淚。

生第二胎休完育嬰假重返職場時，才剛回公司兩個月，就碰到公司人事異動。因為換部門的關係，上下班時間也跟著調整，上班時間提早了一小時，下班時間變成不固定的責任制。我還在適應部門調動的新工作，老二卻在這時候感染中耳炎，甚至還更進一步併發成肺炎。原本在托嬰中心適應得很好的孩子，生病後變得特別黏人，吃飯一定要我餵，如果不是我餵就連一口都不吃。

那陣子，剛好遇到老公公司負責的新專案才剛開始，每天也是忙得不可開交。所有的事情都集中在這個時間點發生，當下真的不知道該怎麼辦才好，也想不出任何的解決方法。

這就是所謂的「引爆點」（Tipping Point）。

世界傳奇暢銷作家——麥爾坎．葛拉威爾（Malcolm Gladwell）在二〇〇四年曾出版了一本書名為《引爆趨勢：小改變如何引發大流行》（*The Tipping Point:How Little Things Can Make a Big Difference*），書內提到了「引爆點」這個概念，指的就是打破原本的平衡狀態，產生劇烈改變的關鍵時刻。

美國政治學家——安妮．瑪麗．斯勞特（Ann-Marie Slaughter）也曾經說過，即使是能力再好的人，以為自己能夠兼顧家庭與事業，也都會面臨突然覺得自己無法再繼續撐下去的引爆點。

對我來說，那時候就是我的引爆點。即使人在公司上班也總是心不在焉的，心裡老是掛念著生病的孩子。某個跟我很要好的學姐看到我這個樣子，實在是看不下去，於是抓著我的肩膀告訴我：「相信我，一切都會好起來的！」

雖然學姐講得斬釘截鐵，語氣相當堅決肯定，我還是無法相信，在這樣的狀況下，怎麼可能一切都會好起來？但學姐接著繼續說：「因為我也是這樣走過來的，只有相信，才能夠撐得下去！」

學姐這句話給了我力量，讓我撐過這段時間。等到撐過才發現，這句話說得一點都沒錯，孩子生病了終究會好起來，就算上班時間變動，早上出門時間變得很趕，但不管怎樣也都會重新找到一套新的生活模式，全家人也都會跟著適應。托這個福，我們家也變成了早睡早起的「晨間型」家庭。

幾次經驗後，現在每當遇到「引爆點」來臨時，會先試著深呼吸，咬緊牙根後想辦法繼續努力撐下去。

「再撐一個禮拜就好，一切都會好起來的！」

只要可以解決的就盡量去做，不過也有很多時候是無能為力的，只能船到橋頭自然直，等時間到了問題自然就會解決。

這麼說並不是袖手旁觀什麼都不管的意思，而是因為在最壞的狀況下，往往很容易會草率地做出魯莽的決定。因此，反而什麼都不做，才是最好的選擇。

像我一邊工作一邊帶孩子，每次只要碰到「引爆點」時，最先想到的解決辦法就是辭職。只要遇到跟孩子有關的事情，心裡就會變得很焦急不安，希望能夠盡快解決問題，所以會一直想說是不是乾脆離職算了。然而，辭職並不能解決一切問題，和預期不同的是，仔細思考後會發現，就算真的辭職了有些問題依然存在，並不會有太大的改變。因此，辭職不是唯一的解決之道，也不是最好的辦法。

老大五歲左右時，有一陣子經常喜歡把「真希望媽媽在家」這句話哼成歌掛在嘴邊唱著。明明孩子都已經適應幼稚園的生活了，重返職場的我，工作也慢慢步入軌道，但這時候卻聽到孩子老是唱這樣的歌，心裡面開始產生動搖。

如果只是一兩天就算了，但連續一兩個禮拜都這樣，聽到孩子又在唱這首歌時就會煩惱著：「我到底該不該離職？」

當時的我，認為除了辭職之外，沒有其他更好的解決方法。但當拋開辭職這個念頭，把焦點轉向試著和孩子一起找出解決辦法，仔細想想後，便很好奇為什麼孩子會希望我在家裡陪他？

於是，某個週末傍晚時，我決定和孩子坐下來好好聊聊這件事。

「寶貝，你希望媽媽在家裡做什麼呢？」

原本一開始不管怎麼問，孩子一句話也不肯說，一直到最後，他才突然開口說：「我希望幼稚園下課後，媽媽可以來接我。」

「原來是因為媽媽沒辦法去接你心裡很難過吧？還有嗎？」

孩子搖了搖頭。

辭職並不是解決問題的唯一方法，在那之後，我偶爾會請半天假，配合幼稚園下課時間，提早到幼稚園去接孩子下課。從此，再也沒聽過孩子說「真希望媽媽在家」這句話了。

以前的我，總認為「維持現狀」是很消極不負責任的，也會認為「維持現狀」是在逃避問題，但其實並不然。「維持現狀」還有另一個層面的意義，當盡可能維持現狀時，能夠避免輕易做出一些草率的決定。

有時候，維持現狀是一種最好的防禦戰術，同時也是一種攻擊策略。尤其是當通過一次又一次的「引爆點」大魔王考驗後，經驗值也會跟著大幅提升，也會對自己更有信心。當過了引爆點後，又會再次迎來幸福的瞬間。

當心情低落時

韓國知名精神科醫師——尹鴻鈞在《自尊心課題》這本書當中，曾提到關於「自尊心受創的職業傷害」這件事，他認為有些工作其實長時間下來會造成自尊心低落，其中一項工作就是——職業媽媽。

「職業媽媽們通常都會有不為人知的辛酸處。當她們丟下孩子去公司上班的第一天，很多媽媽們都會偷偷掉淚。雖然這些職業媽媽們表面上看起來很光鮮亮麗，但她們心裡面都還是放不下孩子，很難全心全意投入在工作上。

然而，當她們把心力集中在工作上時，馬上又會被罪惡感包圍，開始在心裡自責：「我這樣還算是好媽媽嗎？」再加上，很多職業媽媽們忙完一整天的工作後，回到家裡還要繼續做家事，在身心俱疲的狀況下，不容易對自己的工作和處境感受到存在的價值。

看完後我嘆了一口氣，緊接著又看到下一個職業受災戶就是全職媽媽。

關於自尊感低落這件事，不只是職業媽媽們有這個現象，全職媽媽們也是如此。雖然社會上總是說家庭主婦一邊帶孩子一邊做家事，地位跟外出工作的男性一樣重要，但等到真的當了家庭主婦了，馬上就會感受到社會歧視的眼光。

尤其是曾經上過班辭職當家庭主婦的女性，自尊心受創更是嚴重。當了家庭主婦後，心裡也會開始產生自我懷疑，經常會忍不住心想：「我這麼認真考上大學、努力工作，難道就是為了過這樣的生活嗎？」

再加上比起在公司工作會獲得賞識，在家裡完全得不到任何鼓勵。在公司工作不管再辛苦，至少每個月都還可以領到薪水，但身為家庭主婦，連最基本的薪資獎勵都拿不到。

這樣看來，無論是職業媽媽也好、全職媽媽也好，當了媽媽後，都會很容易變得自尊心低落。我也有同感，自從當媽媽後，我也經常會覺得自己似乎一無是處。但也會在心裡面納悶：「為什麼自尊感會變得如此低落？」

尹醫生指出，自尊感主要是一種自我肯定，有兩種層面上的意義。第一種是感性上對自我喜愛的程度，第二種是，理性上對自己能力的肯定。從這兩點說明來看，就可以看出一些端倪。

當了媽之後，只顧忙著愛孩子，根本無暇好好愛自己。身為孩子的主要照顧者，常常一天內就得為了孩子做出數十個大大小小的決定，尤其是為了還不會說話的孩子做決定，更是難上加難。會很擔心自己會不會判斷錯誤，做錯決定會帶給孩子不好的影響。即使做出決定後，內心也是反覆糾結，這也就是為什麼當了媽之後，自尊心像是在搭雲霄飛車一樣大起大落。

雖然有點是老生常談了，但當媽媽後還是必須要學會好好愛自己。

孩子出生後，在身體上雖然和媽媽分開了，但心理上某種程度卻還是緊緊繫在一起的。媽媽所說的話、表情、行為、情緒等都會影響著孩子。因此，如果希望帶給孩子正面的影響，希望孩子也懂得愛自己時，首先媽媽要懂得愛自己。

另一種方式是，也可以把自己當成是自己最要好的朋友。每次上洗手間時，對著鏡子裡面的自己微笑，告訴自己：「妳今天也很棒喔！」

就像平常在走廊裡遇到同事時，會面帶微笑跟他們打招呼一樣，對自己也是同樣的方式。不一定要有值得開心的事情才能笑，而是笑就對了。

就算是事情特別不順利，下班回家路上，一個人散步時也可以像這樣對自己說：「至少妳已經盡力！這樣就夠了，妳做得很好！」

這是一種自我激勵的方式，就像是在對某人說話一樣，對自己信心喊話。比起光是在心裡面想，大聲說出來的效果會更好。雖然一開始可能會覺得這樣做有點難為情，但試過一次之後就能感受到自我激勵的威力。透過言語大聲說出來激勵自己，和單純只是在內心裡面想，效果是截然不同的，彷彿真的聽到有人在為自己鼓舞，會讓自己充滿力量。

書寫也具有同樣的效果。每天在睡前，像是寫日記一樣，寫下一兩句勉勵自己的話，或者是像寫信一樣，寫下當孩子到了我這個年紀，想告訴他們的話。

「今天妳也辛苦了，謝謝妳今天也一樣這麼認真努力，相信明天會更好，加油！」

寫下來之後，再重新讀過一遍，就像是在為自己打氣加油一樣。

面對抉擇時，以輕鬆的態度來應對也會有幫助，接納允許自己有可能會做錯決定。每次在看綜藝節目時，藝人們在節目上要做出某個決定時，背景音樂都會弄得特別緊張，再搭配「抉擇關鍵時刻！」斗大的字幕特效，讓我看了也不自覺跟著緊張起來手冒冷汗。

然後每次只要藝人做出某個決定後，畫面就會突然像是結束一樣，看不到後面的結果，更是讓看的人也跟著緊張兮兮。久了，會植入一種根深柢固的觀念，會認為每次在做決定時，要特別慎重考慮做出最好的選擇，以免讓自己後悔，也因此變得越來越難做決定。

然而，本來就沒有哪一種選擇是最好的，每一種選擇都各有利弊，只是我們總是在利弊得失之間難以抉擇罷了。因此，與其把精神耗費在猶豫不決上，不如把重心擺在做完決定後努力的過程。不要花費太多精力在煩惱哪種選擇比較好，而是專注在做完決定後，到底該往哪個方向走，努力去做就對了。

話雖如此，到現在我也還是會在做完決定後又產生動搖，這時候需要做的就是阻擋負面的聲音出現。在做決定前，想必早已針對各種利弊得失做過評估分析；做完決定後，只要把焦點集中在想要獲得的好處上就好。

一邊帶孩子一邊工作，經常會被別人問到的其中一句話就是：「把孩子丟給別人顧，自己出來工作真的沒關係嗎？」

即使回答了沒關係，孩子適應得很好，那個人又會繼續接著說：「孩子雖然現在看起來表面上沒事，但長大後心裡面很可能會留下陰影。」

說這句話的人，其實只是說出了其中一種可能產生的負面影響，雖然自己明明也知道，但聽了心裡還是會很不舒服。

孩子的媽媽是我，陪在孩子身邊照顧孩子的人也是我，至少我可以分得出來，孩子是真的適應得很好，還是適應得不好，或是假裝適應得很好。因此，不需要因為別人的一句話就產生動搖。

當內心又開始產生動搖時，去找會說出我想聽的意見的人聊聊也是個不錯的方式。雖然只聽到自己想聽的建議，算是一種「建議偏食」，但旁人的建議不需要「均衡攝取」也無妨。因為不想聽到的意見，即使聽了也只是徒增難過而已，倒不如選擇性聽取自己想聽的意見，聽完後才能夠重新打起精神來繼續前進！

要貪心但不要心急

有一次，剛好在公司附近遇到某位親戚長輩。他看到我嚇了一跳，驚訝地問我：「妳怎麼還在上班？」

回完他的話後，他又接著說了一句：「妳太貪心了啦！」不只是這位親戚長輩，自從當媽之後，時常會聽到有人對我說：「妳太貪心了啦！」通常他們說完後，會接著說下一句：「不要這麼貪心！」

在字典裡，貪心的定義是：「貪圖或覬覦不該屬於自己的東西。」因此，每次聽到別人對我說「不要這麼貪心」這句話時，會覺得自己好像變成心機很重的、很愛計較貪小便宜的歐巴桑，心裡很不是滋味。

成為母親之後，身上多了「媽媽」這個角色，只是想同時繼續做當媽之前的工作而已，為什麼這樣做會被說成是太貪心？是貪圖覬覦不該屬於自己的東西？

我想，或許是因為貪心跟心急只有一線之隔。如果說貪心是希望達到某種目的，那麼心急就是想盡快達成目的，而一貪心很容易就會心急。當了媽之後更是如此，雖然原本想做的事情是一樣的，但因為不管做什麼都必須考慮到孩子，會比以前花費更多的心力和時間，原本一下子就能完成的事情，突然腳步慢了下來，感覺自己離目標越來越遠，所以會變得更心急。

某天，跟一位學妹聊天時，她突然對我說：「想要一面帶孩子一面工作，現在想想似乎是我太貪心了。」

看到她一臉倦容的樣子，便問她為什麼會有這種想法。

「我覺得自己孩子帶不好，工作也做不好。應該要專注做好一件事，帶孩子就認真帶孩子，工作就認真工作，太貪心兩個都想要，結果到頭來沒有一件事情做得好。」

於是，我接著繼續問她：「什麼樣才叫做得好？做得好的標準是什麼？」

這也是我一直在問自己的問題，尤其是當覺得自己因為太貪心，把一切事情搞砸時，會經常自問。然而，貪心並沒有錯，那只是身為人想要變得更好的本能而已，貪心才能讓自己更進步。真正的問題是出在「比較心態」，當開始和別人比較後，貪心就會變成心急。

如果把焦點擺在自己身上，會努力設法去達成目標；但一跟別人比較，就會產生競爭心理，想要贏過別人，比別人更快達成目標。當專注在自己身上時，會考慮到自己的狀況，維持自己的速度；但一跟別人比較後，就只會看到自己比別人快還是比別人慢，根本不管自身的狀況到底如何。

因此，並不是捨棄貪心，真正明智的做法是不要跟別人比較，以健康的心態來看待貪心這件事。雖然還是會心急，但不是急著想超越別人，而是按照自己的步伐努力前進就好。

心裡可能也會產生懷疑：「像這樣慢慢走，最後真的到得了目的地嗎？」又會不自覺開始急躁起來。像這種時候，可以試著幫自己設定短期的小目標，以循序漸進的方式前進。每當完成一個階段性目標時，會讓自己更有成就感，覺得自己似乎朝大目標更前進一些，也能稍稍減緩內心的壓力。

專注在眼前當下要做的事情，也是一種方式。不去看過去或未來，而是把心力集中在現階段應該要做的事情。

週末回娘家時，娘家爸媽每次看到孫子們，都會笑得合不攏嘴。當了他們快四十年的女兒，從來都沒有看過他們對我露出那樣的笑容。一看到孫子就像眼睛冒出愛心一樣，又是親又是抱的。

身為女兒的我，在一旁看了忍不住跟孩子吃起醋來，對著娘家媽媽說：「媽，妳都沒有這樣對我笑過耶！妳也對我這樣笑吧！」

結果，媽媽連看都沒看我一眼，眼睛還是一直笑咪咪地盯著孫子，頭也不抬地對我說：「辦不到！妳是我女兒又不是我孫子！」然後又繼續接著說：「妳對自己的孩子也不會露出這樣的笑容的。」

這句話頓時像是當頭棒喝，仔細想想，孩子漸漸長大後，似乎越來越少對孩子笑了。當孩子剛出生還是小嬰兒的時候，只要孩子健康平安地活著，就覺得一切足矣。但當孩子長大後，心裡的煩惱和擔憂也跟著變多了。

「這樣做對孩子好嗎？」

「該如何教育孩子才好？」

不斷懊惱著已經發生的事情，又對未來充滿焦慮，漸漸地，臉上的笑容也變得越來越少。媽媽告訴我，當媽媽的心情跟當阿嬤是不一樣的，當阿嬤的只要看到孫子現在活潑健康的可愛模樣就會很開心，所以才會一看到孫子就笑得合不攏嘴。

聽完媽媽這麼說後，我突然想起了丹麥人的幸福密碼——樂活（Hygge）。丹麥幸福研究機構的執行長麥克・維京（Mike Wikking）曾說過，能夠悠閒地坐下來，細細品嚐一杯濃郁香醇的熱可可，就是所謂的「樂活」。盡情地享受當下的每一刻，專注的感受此時此刻正在做的事情，就是一種幸福。

這句話的意思或許是要我好好活在當下，全然地投入在當下眼前的事情，就能體會到現在所擁有的幸福。當現在變成過去時，才不會後悔莫及。把注意力集中在此時此刻應該做的事情上時，也不會對未來感到焦慮，良性循環就從這裡開始。

不要為了家人犧牲自己

娘家父親在兩年前又開始從事新的工作，即將年屆七旬的他，早已過了法定退休年齡，卻還是堅持繼續工作。勸父親不要把自己弄得這麼累，好好享受退休生活，去做一些自己想做的事情，但仍舊拗不過父親的固執。

「我要繼續工作才行，不想造成你們的負擔！」

父親總是說，他這一生的目標就是努力賺錢，讓妻小不必挨餓受凍、可以栽培孩子念好的學校、好好侍奉父母。白手起家的他，比誰都還要拚命認真工作。

童年的記憶裡，對父親的印象很模糊。早上起床眼睛還沒睜開，父親就已經出門上班；直到晚上睡著後，父親才下班回家。就算是週末假日，也時常得工作加班，上班的日子比沒上班的日子還多，父親在家時反而還會覺得有點不習慣。父親成天沒日沒夜地工作，連旁人看了都覺得累，更何況是他本人。辛苦努力賺來的錢，只為了養家餬口，讓妻小吃飽穿暖、讓父母衣食無憂。即使有剩餘的錢，自己也捨不得花，一點一滴存起來，幫子女們準備結婚基金，這是他一輩子努力工作的目標。

「至少不要讓你們將來為了養我還要過得這麼辛苦！」

其實不光是只有父親這樣，在嬰兒潮世代出生的中生代父親們，大部分都是如此。他們除了要撫養年邁的雙親外，還要養育妻小，但自己卻不希望小孩長大了還得要撫養自己。也因為這樣，這個世代的人被稱作是「三明治世代」。

父親說他不希望讓我們將來還要背負撫養父母的經濟負擔，而我也是如此，也一樣不希望造成子女的負擔，不希望造成他們的「心理負擔」。

猶記得學生時期，每到父母節時，總是會琅琅上口哼唱著一首歌名為〈母親的心〉的歌。這首歌據說是在一九三〇年代後期所創作的歌曲，印象中歌詞的一部分是這樣唱的：

「您總把最好的都留給我，無私為兒女付出一切，母親恩比山高比海深，母親的犧牲奉獻真偉大。」

歌詞的內容唱得一點也沒錯，吃魚的時候，媽媽總是會把魚肚裡最鮮美的肉放到孩子碗裡，自己吃魚頭；削蘋果的時候，她總是把最香甜可口的果肉留給孩子，自己吃果皮；每到季節變換的時候，都會幫孩子添購新衣，自己一年四季都穿一樣的衣服。

「媽媽呢？」

每次問她，她總是笑而不答。

教我們唱這首歌的老師，也是告訴我們：「父母親都想把最好的留給孩子，因此你們要好好用功讀書，將來好好報答父母。」

因此，為了報答父母，我認真念書；為了報答父母，我努力當一個聽話的好孩子。然而，這麼做卻與原本想感謝父母的心意背道而馳。比起感謝父母，更多時候其實是害怕父母對我感到失望。並不是因為考試考不好而難過，而是會先想到父母一臉失望的樣子，心裡面覺得很對不起他們，對父母會產生一種「心理債」。

女性學者朴慧蘭曾說，當媽媽的照顧孩子，也要懂得照顧自己。我們總以為愛孩子就是要為了孩子犧牲奉獻，心甘情願地付出一切。因此會認為那些稍微有所保留的媽媽，是自私自利、缺乏母愛的媽媽。

朴慧蘭是一位年屆七旬的老奶奶，她所說的是上一代的媽媽們，在這類犧牲型媽媽們底下長大的我們，心裡面的負擔是很沉重的。直到後來才知道，並不是為了子女犧牲奉獻才是所謂的好媽媽，媽媽的過度犧牲，反而會成為孩子的心理負擔。就如同詩人慎達子所說的一樣，犧牲型母親對孩子其實是一種傷害。

因此，我希望不要造成孩子的心理負擔，希望孩子和我之間能夠維持著互相感謝、互相支持的關係。如果要這麼做，就必須先從我開始，放下所謂的「犧牲」。當放下犧牲的信念後，才不會對孩子說出：「你知道媽媽為了你有多辛苦嗎？」孩子才不會一輩子都在「為了迎合父母的期待」而努力。

不當犧牲型母親，而是當一個懂得愛自己的母親。生活的重心不該每天圍繞著孩子轉，只要有盡心盡力照顧好孩子就好，該適時放手就放手，孩子有孩子自己的人生，我也有我自己的人生，彼此互相尊重，像這樣健康的親子關係才是我想要的。

「行為」與「存在」

某位心理諮商師好友曾問我：「妳為什麼要這麼努力生活？」因為需要做的事情很多，努力生活不是很理所當然的嗎？她這樣問我反而不知道該如何回答才好。於是，好友又繼續問：「難道妳就不能活得輕鬆點嗎？」

我也想活得輕鬆一點，但即使下定決心告訴自己該工作的時候就工作，該休息的時候就休息，卻沒這麼容易做到。

如果比平常早一點上床睡覺，躺在床上時，忍不住就會想：「還有那麼多事情沒做完，我真的可以這麼早睡嗎？」就算真的發狠想說一定要放自己一天假，讓自己好好放鬆休息一下，卻又會想：「那我休息是要放空發呆？還是去看電影好呢？」

連該怎麼休息都不會。天生勞碌命的人總是閒不下來，這句話說得一點都沒錯。習慣了忙碌的生活，似乎不知道該如何開啟「休眠模式」。

我對好友說完這些話後，她接著問我在休息時有什麼樣的感覺？坦白說，其實無法真的好好放鬆休息。她又繼續問：「心裡面會覺得很焦慮嗎？」

沒錯！明明應該要好好休息，但思緒卻還是停不下來。思緒一停不下來，就會開始煩躁，一煩躁就會覺得焦慮。當媽之後每天都在跟時間賽跑，總有一大堆忙不完的事情，一不小心就會陷入焦躁不安的狀態。在這樣的狀況下，一想到還要撥出時間休息，就覺得更焦慮了。

不光是我有這樣的「症狀」，根據問卷調查結果，一邊工作一邊帶小孩的職業媽媽們經常會出現焦慮症狀。

研究結果指出，已婚婦女的焦慮感比單身女性多了二點二倍。或許是因為這樣，媽媽們即使有時間休息，卻無法好好休息，會閒不下來想找事情做，心想「我該做什麼才好」？雖然嘴巴上老是說自己很累，身體卻無法好好放鬆，總覺得要做點什麼才安心。

其實什麼都不做也沒關係，不一定非得要做些什麼才行，我的存在價值並不是因為我做了什麼。當然，做越多事情會越有成就感，也會獲得更多的認同感。得到他人的認同，我們才會覺得「自己是有價值」的，但自我價值並非建立在他人的認同上。

《被討厭的勇氣》作者岸見一郎，本身也是一位哲學家，他建議不要以「行為」的層級，而是要以「存在」的層級來看待自己。

當我們以「行為」的層級來看待自己時，會把理想中的模樣當作是一百分來計算，做得好就加分，做不好就扣分，用打分數的方式來評價自己。

然而，如果以「存在」的層級來看待自己時，就不會給自己打分數，也不會跟別人比較，而是全然如實接納自己原本的樣子，不管是怎樣的我都予以認同與感謝，感謝自己可以陪在孩子身邊，感謝自己認真工作。

岸見一郎認為不要從理想中的標準分數一百分開始扣分，而是從零出發，才會對自己的「存在」感到喜悅與感謝。

關於這項論述，從老人們的晚年生活幸福指數也同樣可以看出來。根據幸福指數調查結果發現，從二十歲左右到四十歲之間，幸福指數呈現遞減趨勢；但過了五十歲之後，幸福指數又開始攀升。五十歲的人比四十歲幸福，而六十歲的人又比五十歲的人幸福。看著這項研究結果，讓我想起了幾年前過世的外公。

外公在過世前，曾說過：「比起年輕的時候，現在要來得幸福多了。」

外公年輕時是一位很活躍的大人物，看到他躺在床上說這種話，實在令人無法置信。如果以行為層級來看，年紀越大能做的事情越少，相對幸福指數應該更低，但外公卻這麼說：

「雖然能做的事情變少了，但值得開心的事情卻變多了。」

「年輕時總是汲汲營營地生活，把人生活得像是在做功課一樣，但年紀越大，反而覺得人生像場遊戲是來玩的。」

我想，或許是因為外公把焦點從行為層級轉變成存在層級，所以才會體驗到這份幸福吧！就像我也不是因為外公為我做了什麼，才希望外公能夠長命百歲陪在我們身邊，而是因為外公就是外公，只要他好好活著就好。

但這麼說，也不是只要把焦點完全集中在存在層級上就好，而是要在行為和存在層級之間取得平衡。努力生活的同時，不要忘了自己為什麼這麼努力？到底是為何而做？在思考要為孩子做什麼之前，先想想自己到底想成為什麼樣的父母？

每到週末晚上時，問孩子：「你們想跟媽媽一起做什麼？」

他們每次的回答都是一樣的：「只要和媽媽在一起做什麼都好！」

做什麼固然很重要，但比起我做了什麼，更重要的是「我是誰」？不要因為休息而感到不安，不知道為何而忙、總是為做而做時，才更應該感到不安。

媽媽的成長筆記 6

Q：試著把今天做過的事情寫下來，做的事情是否比原本的預期來得少？

Q：今天犯了哪些過錯？我是怎麼解決的？

Q：曾讓我瀕臨崩潰的「引爆點」是在何時？

Q：我為什麼希望保持身體健康？

Q：如果以朋友的角度來看自己，我會對自己說什麼？

Q：當內心產生動搖時，什麼話會讓我感到有力量？

Q：假如人生只剩下五年的時間，我希望怎麼活？

後記

和我一樣的妳，加油

去年《我是職業媽媽》這本書出版後，陸續遇到有讀者媽媽們請我幫她簽名。原本因為字不好看，再加上自己又不是什麼了不起的大人物，其實心裡面很想拒絕的；但一方面又覺得，或許有人跟我一樣，也會因為我寫的一些話而重新找到力量。於是，鼓起勇氣幫她們簽名。簽完名後，我總是會附上這一句話：「朋友，我會為妳加油的！」

當了媽媽之後，總是會希望有人能夠為自己加油。常聽到有人說：「當媽媽的不都是這樣走過來的嗎？有什麼好抱怨辛不辛苦的？」但並不是因為當媽媽的人都是這樣走過來的，就表示這件事情很輕鬆容易。這句話反而會讓自己覺得，別人不也都是這樣走過來的，我卻怎麼老是跌跌撞撞？

我很喜歡找一些有趣的研究實驗報告結果來看，但自從生完孩子以後，突然覺得自己似乎成了研究報告裡的對象。像是長時間睡眠不足的人會怎樣？一口氣到底能吃下多少飯？那些連我自己看了都很驚訝的事情，當了媽之後，居然一件件發生在自己身上。

其中，最讓我感到陌生的事情，是不管再怎麼努力，都不會有人給妳鼓勵。如果是學生時期時，像這樣這麼用功念書，早就是全校第一名了；在公司時，如果像這樣這麼拚命工作，也老早就獲得升遷加薪的機會了。然而，當了媽之後，即使再怎麼努力，也不會有人為妳歡呼，更不會獲得任何獎勵。雖然努力的目的不是為了這些，但即便是一丁點的鼓勵，也都會令人感到欣慰。但當了媽之後，這些努力似乎都是理所當然的，必須欣然接受這一切。

美國專欄作家茱蒂絲．華納（Judith Warner）在法國生下她的大女兒後，曾以她的育兒經驗寫了一本書，書名是《當媽的一定是瘋了》（*Perfect Madness: Motherhood In The Age Of Anxiety*）。在書裡，她提到了自己在法國帶孩子時，彷彿像是航向了一個名為「媽媽」的未知世界時，但無論是在物質或是心理層面上，有一群人默默地在支持幫助她。他們幫助她的方式並不是幫她帶小孩，而是把她視為一個完整的個體對待，不把她當成是孩子的媽媽，而是原原本本的她，讓她當了媽之後依然能夠做自己。

在法國，他們提倡媽媽們做自己。

在公司裡，她們不是跟其他媽媽們討論如何擠母奶、餵母奶，而是鼓勵女性找回原本的自己，即使餵母奶餵了幾個月後決定不餵了，也會替妳鼓掌拍手叫好。

小兒科醫生也建議，照顧孩子之前，要先照顧好自己。

然而，在韓國大部分的媽媽們，普遍都是認為當媽後還任性地去做自己想做的事情，是很自私的。總是喜歡做「最壞的打算」，把狀況想得很極端，結果往往是自己嚇自己。

讀這本書時，我一直很羨慕法國媽媽們能夠「做自己」。帶孩子時之所以會覺得很孤單落寞，會覺得全世界像是剩下自己一個人，並不是因為帶孩子本來就很孤單，而是因為整個社會氛圍不允許妳當了媽後還能做自己，為此感到悵然所失。

這也是我寫這本書的動機，我想要替當媽的自己加油，也想要為跟我一樣的媽媽們加油。這本書並不是教妳如何帶孩子、教妳如何減輕育兒負擔，更不是在告訴妳怎樣才能當一個好媽媽，而是很單純地希望能更貼近媽媽們的心，替當了媽之後的我們打氣加油。

我剛生完第一胎休育嬰假時，娘家媽媽一直覺得自己的女兒明明這麼有能力，待在家裡帶孩子實在太可惜，老是勸我趕快回公司上班。然而，生完老二後，她看到我每天忙得焦頭爛額，替既不能陪在孩子身邊的我感到惋惜，又替每天都得等到晚上才能看到媽媽的孫子感到心疼，於是又改口叫我乾脆辭職算了。就連復職當天去公司上班時，都一直叫我不要去，復職後她上演的戲碼又變成：「妳打算什麼時候離職？」

直到去年年底，某次回娘家時，她突然煞有其事地把我叫過去坐下，擺了一箱紅蔘濃縮液在我面前，握著我的手跟我說：「從現在開始，媽媽會當妳的啦啦隊為妳加油，不會再左右妳叫妳回公司上班或是勸妳離職，不管妳做了什麼決定，媽都會無條件支持妳。但唯一要記得的，就是要好好照顧自己，知道嗎？」

我聽完後差點哭出來，低著頭默默不語，她緊緊抱著我，接著說：「妳是我的女兒，不是兩個孩子的媽，更不是職場的員工，妳就是妳自己！看到妳這麼努力的樣子，真的很替妳心疼，卻也感到很欣慰。」

這是在當媽後的這幾年來，聽到過最有力量的支持，把我視為一個完整的個體，予以我支持鼓勵。對站在競技場上的選手們來說，最棒的加油並不是在旁邊搖旗吶喊：「加油啊！你可以的！你做得到的！」而是對著他輕輕點頭微笑，告訴他：「你已經很棒了！」衷心地希望能有越來越多像這樣的鼓勵方式。

但最重要的，莫過於要懂得為自己加油！

當媽後才知道，我最大的支持者其實是我自己。不管別人怎麼說、怎麼看我，我必須要無條件地支持自己，成為自己最大的後盾。因為我的人生是我的，不是別人的。不管做了任何選擇，只要相信自己，努力堅持下去就好。

或許這個選擇並非「標準答案」，也可能會引來周遭旁人的關切，但都不要太過放在心上。不需要一味地去追求標準答案，就像書中前面所說的一樣，本來就沒有所謂的標準答案。只要盡力去做好每一件事，不論結果如何，都是最好的選擇。

不管怎樣，都不要忘了我們才是自己的標準答案，當自己的忠實鐵粉，為自己好好加油吧！

致謝

本書裡提到了許多前輩、同事、後輩們，因為在當媽之後，只要心裡產生動搖，我習慣性會去尋求他人的建議。無論是在聚會時也好、洗手間也好、公園遊戲場也好或者是在網路論壇也好，總是想到什麼就問什麼。而大家也都會很熱心地分享他們所認為的「標準答案」，聽完別人給的意見後，我也才能找到屬於我自己的「標準答案」，謝謝你們！

還有要謝謝不管是在戀愛時、還是現在都一樣叫我「雅緣」的老公。謝謝你不是叫我「媽媽」，也不是叫我「老婆」，而是叫我的名字。也因為這樣，讓我沒有忘了自己的名字。也要謝謝我兩個可愛的孩子，每次只要我一對他們說「謝謝你們來當我的兒子和女兒」時，他們就會立刻舉起小手劃出更大的圓說：「我們才更謝謝呢，我們的謝謝有這麼多喔！（比手勢）」

謝謝我親愛的孩子們，希望我們之後也能繼續像這樣，成為懂得彼此、互相感謝的家人。

謝謝我的父母，在成長過程中，不管怎樣都無條件地相信我，讓我也學會了要當相信孩子的父母。就像你們相信我一樣，我也會相信我自己，繼續好好努力生活！我也不會忘記母親，還有在天國的父親曾對我說過的那句話：「要活得開心！」我會讓自己活得開開心心的！

同時，也要謝謝為了這本書，和我一起費盡心思的楊春美部長，每次看到部長，總會看到她炯炯有神、充滿活力的樣子，那熱切的眼神是我前進的動力。

最後，要謝謝讀到最後這段文字的讀者們，真的很謝謝你們！寫這本書的時候，我心裡充滿了無限的感動與溫暖，也希望讀著書中的文字的你們，能感受到這份感動與溫暖。

family field 親子田　親子田系列037

媽媽不只是媽媽

作　　者　金雅緣
譯　　者　鄭筱穎
總 編 輯　何玉美
主　　編　王郁渝
特約編輯　陳紫綸
封面設計　盧卡斯工作室
內文排版　顏麟驊

出版發行　采實文化事業股份有限公司
行銷企劃　陳佩宜・黃于庭・馮羿勳
業務發行　林坤蓉・張世明・林踏欣・王貞玉
國際版權　王俐雯・林冠妤
印務採購　曾玉霞
會計行政　王雅蕙・李韶婉
法律顧問　第一國際法律事務所　余淑杏律師
電子信箱　acme@acmebook.com.tw
采實官網　www.acmebook.com.tw
采實臉書　www.facebook.com/acmebook01

I S B N　978-986-507-002-1
定　　價　320 元
初版一刷　2019 年 5 月
劃撥帳號　50148859
劃撥戶名　采實文化事業股份有限公司
　　　　　104 臺北市中山區南京東路二段 95 號 9 樓
　　　　　電話：(02)2511-9798　傳真：(02)2571-3298

國家圖書館出版品預行編目資料

媽媽不只是媽媽 / 金雅緣著；鄭筱穎譯 . -- 初版 . -- 臺北市：采實文化，2019.5
264 面 ; 14.8×21 公分 . --（親子田系列 ; 37）
978-986-507-002-1（平裝）
1. 母親　2. 親職教育　3. 生活指導
544.141　108004236

엄마로만 살지 않겠습니다

采實出版集團
ACME PUBLISHING GROUP